U0567272

**国家出版基金项目**
NATIONAL PUBLICATION FOUNDATION

"十四五"国家重点图书出版规划项目

# 中国语言文化典藏系列　组委会

## 主　任

田学军

## 执行主任

田立新

## 成　员

宋　全　杨　芳　刘　利　郭广生　顾　青

张浩明　周晓梅　刘　宏　王　锋　余桂林

中国语言资源保护工程

中国语言文化典藏系列　编委会

主　编

曹志耘　王莉宁　李锦芳

委员（音序）

郭　浩　何　瑛　黄成龙　黄拾全　李云兵

刘晓海　苗东霞　沈丹萍　王　锋　严修鸿

杨慧君　周国炎　朱俊玄

曹志耘 王莉宁 李锦芳 主编

# 中国语言文化典藏·大连

原新梅 赵建军
刘颖 丁俊 著

商务印书馆
SINCE 1897
The Commercial Press

随着现代化、城镇化的快速发展，我国的语言方言正在迅速发生变化，而与地域文化相关的语言方言现象可能是其中变化最剧烈的一部分。也许我们还会用方言说"你、我、他"，但已无法说出婚丧嫁娶各个环节的方言名称了。也许我们还会用方言数数，但已说不全"一脚穷，两脚富……"这几句俗语了。至于那些世代相传的山歌、引人入胜的民间故事，更是早已从人们的生活中销声匿迹。而它们无疑是语言方言的重要成分，更是地域文化的精华。遗憾的是，长期以来，我们习惯于拿着字表、词表去调查方言，习惯于编同音字汇、编方言词典，而那些丰富生动的方言文化现象往往被忽略了。

2017 年，中共中央办公厅、国务院办公厅《关于实施中华优秀传统文化传承发展工程的意见》首次提出"保护传承方言文化"。2020 年，国务院办公厅《关于全面加强新时代语言文字工作的意见》明确提出"科学保护方言和少数民族语言文字"。语言方言及其文化的保护传承写进党和政府的重要文件，具有重要的历史意义。党中央、国务院的号召无疑是今后一个时期内，我国语言文字工作领域和语言学界、方言学界的重要使命，需要我们严肃对待，认真落实。

中国语言资源保护工程于 2015 年启动，已于 2019 年顺利完成第一期建设任务。针对我国传统语言方言文化现象快速消失的严峻形势，语保工程专门设了 102 个语言文化调查点（包括 25 个少数民族语言文化点和 77 个汉语方言文化点），按照统一规范对语言方言文化现象开展实地调查和音像摄录工作。

为了顺利开展这项工作，我们专门编写出版了《中国方言文化典藏调查手册》（商务印书馆，2015 年）。手册制定了调查、语料整理、图册编写、音像加工、资料提交各个阶段的工作规范；并编写了专用调查表，具体分为 9 个大类：房屋建筑、日常用具、服饰、饮食、农工百艺、日常活动、婚育丧葬、节日、说唱表演，共 800 多个调查条目。

调查方法采用文字和音标记录、录音、摄像、照相等多种手段。除了传统的记音方法以外，还采用先进的录音设备和录音软件，对所有调查条目的说法进行录音。采用高清摄像机，与录音同步进行摄像；此外，对部分语言方言文化现象本身（例如婚礼、丧礼、春节、元宵节、民歌、曲艺、戏剧等）进行摄像。采用高像素专业相机，对所有调查条目的实物或活动进行拍照。

这项开创性的调查工作获得了大量前所未有的第一手材料。为了更好地保存利用这批珍贵材料，推出语保工程标志性成果，在教育部语言文字信息管理司的领导下，在商务印书馆的鼎力支持下，在各位作者、编委、主编、编辑和设计人员的共同努力下，我们组织编写了《中国语言文化典藏》系列丛书。经过多年的努力，现已完成50卷典藏书稿，其中少数民族语言文化典藏13卷，汉语方言文化典藏37卷。丛书以调查点为单位，以调查条目为纲，收录语言方言文化图片及其名称、读音、解说，以图带文，一图一文，图文并茂，EP同步。每卷收图600幅左右。

我们所说的"方言文化"是指用特殊方言形式表达的具有地方特色的文化现象，包括地方名物、民俗活动、口彩禁忌、俗语谚语、民间文艺等。"方言文化"是一个新的研究领域，需使用的调查、整理、加工方法对于我们当中很多人来说都是陌生的，要编写的图册亦无先例可循。这项工作的挑战性可想而知。

在此，我要向每一个课题的负责人和所有成员道一声感谢。为了完成调查工作，大家不畏赤日之炎、寒风之凛，肩负各种器材，奔走于城乡郊野、大街小巷，记录即将消逝的乡音，捡拾散落的文化碎片。有时为了寻找一个旧凉亭，翻山越岭几十里路；有时为了拍摄丧葬场面，与送葬亲友一同跪拜；有人因山路湿滑而摔断肋骨，住院数月；有人因贵重设备被盗而失声痛哭……。在面临各种困难的情况下，大家能够为了一个共同的使命，放下个人手头的事情，不辞辛劳，不计报酬，去做一项公益性的事业，不能不让人为之感动。

然而，眼前的道路依然崎岖而漫长。传统语言方言文化现象正在大面积地快速消逝，我们在和时间赛跑，而结果必然是时间获胜。但这不是放弃的理由。著名人类学家弗雷泽说过："一切理论都是暂时的，唯有事实的总汇才具有永久的价值。"谨与大家共勉。

曹志耘

2022 年 4 月 13 日

# 目录

引言

# 一  大连

大连，是辽宁省副省级城市、全国计划单列市，位于辽东半岛南端，三面环海，东濒黄海，西临渤海，南与山东半岛隔海相望，北与营口、鞍山、丹东毗邻。现辖中山区、沙河口区、西岗区、甘井子区、旅顺口区、金州区、普兰店区 7 个市辖区和庄河市、瓦房店市两个县级市以及长海县。总面积 12 574 平方公里，其中老市区面积 2415 平方公里。截至 2018 年，常住人口 595.2 万人，居民以汉族为主。（大连市政府门户网站中国大连《2018 年大连市国民经济和社会发展统计公报》）

大连市位于东经 120°58′—123°31′、北纬 38°43′—40°10′之间，地形以山地丘陵为主，平原低地少，北高南低，北宽南窄；长白山系千山山脉余脉纵贯其间，地势由中央轴部向东南和西北两侧的黄、渤海倾斜。

0-1 ◆ 东港

中国语言文化典藏

考古发掘显示，早在公元前 5000 年左右，我们的祖先就开发了大连地区（中国社会科学院考古研究所《双砣子与岗上——辽东史前文化的发现和研究》，科学出版社，1996 年，第 144 页）。秦汉时期，大连地区属辽东郡辖区。唐朝初期，大连地区属安东都护府积利州辖区。辽代时大连地区属东京通辽阳府辖区。大连地区在魏晋时称"三山"，唐初称"三山浦"，唐中期改称"青泥浦"，明代称"青泥凹"（明《全辽志》之金州等处城堡墩架操守），清代传为"青泥洼"。1899 年大连开埠建市，作为自由贸易港开放。当时主导城市建设的俄国人命名为"达里尼"。日本侵占时期，从 1905 年 2 月 11 日起定名为"大连"。1945 年 8 月 22 日大连解放，1950 年 12 月，大连与旅顺合称"旅大市"，1981 年 2 月，经国务院批准改称"大连市"。1984 年，国务院批准大连为沿海开放城市；1985 年，大连市被国务院确定为计划单列市；1994 年被国家批准为副省级城市。

"大连"名称的来源有多种说法，主要有以下四种：

1. "褡裢""褡裢湾"

"褡裢"是从前我国民间使用的一种布口袋，通常用很结实的家织布制成，长方形，中间开口，两端装东西。大的可以搭在肩上，小的可以挂在腰间。两头装上东西，搭在肩上，呈两头大中间窄的形状。用"褡裢"命名显然是源于地形说，恰如大连市区和开发区之间的地形。大连的长海县还有一个两头大中间小的海岛叫"褡裢岛"。大连人多是山东闯关东的后代，自称"海南丢儿"，习惯称山东为"海南家"。现在不少胶东人称呼"大连"时仍沿用"褡裢"的读音，有别于"大连"。且经中外学者考证，认为"大连"源自"褡裢"（参见大连市政协大连文史资料研究委员会 1986 年编《大连文史资料》（二）收录的《Dalian Wan 之称呼》；嵇汝广《街巷寻遗：大连老街》，大连出版社，2020 年）。根据这一说法又演化出了"联众小湾为一大湾""大蛎湾"等多种轶说。

2. "Dalian Wan" "Ta Lien Wan" "Talien Bay"

明清时期，外国人依当地人的俗称，在绘制的若干份大连地区地图上标注有"Dalian Wan"，用威妥玛式拼音标注有"Ta Lien Wan"或"Talien Bay"等。有人认为"Dalian系从'褡裢'讹转为'塔连'，现在的抚顺及其他地方也有叫'塔连'的，它具有钱袋的意思"。（大连市政协大连文史资料研究委员会1986年编《大连文史资料》（二）收录的《Dalian Wan之称呼》）

3. "大连湾"

有人认为早在明朝时就已使用过"大连湾"这一称呼，但至今未见到文献资料。1876年由日本翻刻的英国海图有"大连湾"标注。目前查检到的"大连湾"最早见于中文文献的是，1879年（光绪五年）10月25日李鸿章在《条议海防》奏折提到的："大连湾距奉天金州三十里，系属海汊，并非海口，实扼北洋形势，最宜湾泊多船……"（国家清史编纂委员会《李鸿章全集：信函四》，安徽教育出版社，2008年，第490页）从此，"大连湾"作为官方名称被固定下来。

4. "达里尼"

沙俄侵占时期，1899年大连作为自由贸易港开放，由末代沙皇尼古拉二世命名为Дальний（遥远的城市），音译为"达里尼"。俄国人把"Ta Lien Wan"翻译为Талянвань（音"大连湾"），和"达里尼"（Дальний，遥远的城市）所指有别。

从以上几种说法，可以推断，"大连"名称的来源应该是"褡裢湾"或"大连湾"。

此外，大连还有"滨城""东北之窗""浪漫之都"等别称。大连作为东情西韵的交汇之地，移民文化与海洋文明共同促成了这座具有包容性的国际化现代都市。这里人杰地灵，物华天宝，是中国重要的水果和水产品生产基地；这里战略地位极其重要，自古就是京津门户，为东北亚区域重要的港口，是"海上丝绸之路"的重要节点；这里是我国重要的工业基地，第一艘万吨轮船、第一辆大功率内燃机车、第一个海上钻井平台、第一艘航空母舰……都在这里诞生。

中国语言文化典藏

# 二 大连方言

## （一）概述

大连方言属胶辽官话登连片的大岫小片和烟威小片。大连的中山区、西岗区、沙河口区、旅顺口区、甘井子区、金州区南部、瓦房店市属于大岫小片；金州区北部、普兰店区、长海县、瓦房店市郊和庄河市属于烟威小片。我们的调查范围主要在中山区、西岗区、沙河口区、旅顺口区、甘井子区和金州区南部，属于大岫小片。

大连人说话被外地人称有"海蛎子味儿"，但没想到歪打正着，这个戏称已被本地人接受。主要因为大连盛产"海蛎子"[xai²¹li⁵¹ʒ⁰]牡蛎，也叫生蚝，大连的海蛎子个儿大肥嫩，肉味儿鲜美，营养丰富，生吃熟食皆宜，大连本地人尤其喜欢生吃。一个地道的大连人，是吃海蛎子和说大连话长大的。用"海蛎子"这一大连海产品来给大连方言贴标签非常自然贴切。因此，"海蛎子味儿"成为大连方言的独特标识。这种独特的"海蛎子味儿"表现在与东北官话不同的声母、韵母、声调、声韵组合及语流音变上（具体见音系和音系说明）。

大连的方言文化，主要以大连本地人的方言文化为主。大连的地理位置、移民史和特殊的近现代史，使大连的方言文化呈现出多元融合的特征：有源自齐鲁文化的深厚影响，有来自东北民俗的诸多遗存，还有来自俄日等外来文化现象的显现。

与当代其他城市方言一样，大连方言内部也存在一些差异。这种差异主要表现在语音上，如一些老年人在发知庄章组字时有舌叶音的色彩。词汇也有一些差异，如年轻人受普通话影响，一般不再使用"挽霞子（わいしゃつ）"借自日语，衬衣、"布拉吉（платье）"借自俄语，连衣裙、"维德罗（ведро）"借自俄语，水桶、"瓦斯"借自日语，煤气等具有方言地域特征的外来词。

# （二）声韵调

1. 声母23个（包括零声母在内。例字右下角的"1"表示白读音，"2"表示文读音）

| | | | |
|---|---|---|---|
| p 八兵病白 | pʰ 派片爬旁 | m 麦明妈门 | f 飞风副蜂 |
| t 多东毒大 | tʰ 讨天甜他 | n 脑南奶能 | l 老蓝连路 |
| ts 资早租字 | tsʰ 刺草寸祠 | | s 丝三酸山 |
| tʂ 张柱主知 | tʂʰ 抽车城吃 | | ʂ 事手书十　ʐ 热₂日₂ |
| tɕ 酒九旧见 | tɕʰ 清全轻权 | ȵ 年泥你女 | ɕ 想谢响县 |
| k 高共哥该 | kʰ 开靠看快 | | x 好灰活花 |
| ø 味问热₁软日₁ | | | |

0-2◆渔人码头

中国语言文化典藏

2. 韵母 36 个

ɿ 丝师资思　　　　i 米戏急七　　　　u 苦五猪骨　　　　y 雨橘绿局
ʅ 试十直尺
ɚ 二耳儿尔

a 茶塔法辣　　　　ia 牙鸭家虾　　　　ua 瓦刮夸挂
　　　　　　　　　iɛ 写鞋接贴　　　　　　　　　　　　yɛ 靴月学雪

ɤ 歌盒壳色　　　　　　　　　　　　　uə 坐过活托
ai 开排白买　　　　　　　　　　　　　uai 快怪坏帅
ei 赔飞北妹　　　　　　　　　　　　　uei 鬼睡吹位
au 宝饱老号　　　　iau 笑桥药条
ou 豆走手后　　　　iou 油六牛休

an 南山半短　　　　ian 盐年天见　　　uan 官观欢川　　　yan 权选远全
ən 深根本肯　　　　in 心新贫亲　　　　uən 滚春困顺　　　yn 云军群运
aŋ 糖忙放上　　　　iaŋ 响讲强央　　　uaŋ 床王双光
əŋ 灯升争横　　　　iŋ 硬病星名　　　　uŋ 东通龙公　　　yŋ 兄用窘永

说明：

复元音 [ai ei au] 有单元音化的趋势，实际发音接近 [ɛ e ɔ]。[uai uei iau] 的实际发音接近 [uɛ ue iɔ]。

3. 单字调 4 个

| 阴平 | [31] | 东该灯风通开天春，搭拍 |
| 阳平 | [24] | 门龙牛油铜皮糖红，急节毒白 |
| 上声 | [213] | 懂古鬼九统苦讨草，哭塔切刻 |
| 去声 | [51] | 动罪近后，冻怪半四，六麦叶月 |

说明：

阴平调有少量字保留了老派读音，调值 [312]。

# （三）连读变调

大连方言两字组连读变调的主要规律见表1。表中第一行是单字调，第二行是连读调（只标出变调），第三行是例词。

表1 大连方言两字组连调表

| 前字 ＼ 后字 | 阴平 31 | 阳平 24 | 上声 213 | 去声 51 | 轻声 0 |
|---|---|---|---|---|---|
| 阴平 31 | 31 31<br>24<br>天窗<br>—<br>33<br>山腰 | 31 24<br>厢房 | 31 213<br>封顶 | 31 51<br>猪圈 | 31 0<br>烟囱 |
| 阳平 24 | 24 31<br>唐装 | 24 24<br>厨房 | 24 213<br>脊瓦 | 24 51<br>毛裤 | 24 0<br>石头 |
| 上声 213 | 213 31<br>24<br>老街 | 213 24<br>21<br>走廊 | 213 213<br>24<br>水桶 | 213 51<br>21<br>扁担 | 213 0<br>21<br>枕头 |
| 去声 51 | 51 31<br>53<br>灶间 | 51 24<br>校服 | 51 213<br>大氅 | 51 51<br>53<br>半袖 | 51 0<br>簸箕 |

说明：

①三个阴平字相连有三种变调模式：一种是 [31+24+31]，例如：东关街 [tuŋ³¹kuan²⁴tɕie³¹]；一种是 [33+33+31]，例如：收音机 [ʂəu³³in³³tɕi³¹]；一种是 [24+33+31]，例如：中山装 [tsuŋ²⁴san³³tsuan³¹]。

②第玖部分说唱表演中歌谣部分的号子类歌谣，带有说唱性质，阴平均读成平调，调值 [33]。

中国语言文化典藏

# （四）儿化韵

| 原韵母 | 儿化韵 | 例词 |
|---|---|---|
| a | ar | 裤衩儿 |
| ia | iar | 马甲儿 |
| ua | uar | 头花儿 |
| iɛ | iɐr | 锅贴儿 |
| yɛ | yɐr | 拜月儿 |
| ai | ɐr | 房盖儿 |
| an | | 吊篮儿 |
| ian | iɐr | 瓦片儿 |
| uai | uɐr | 块儿煤 |
| uan | | 门环儿 |
| yan | yɐr | 手绢儿 |
| ɤ | ɤr | 被格儿 |
| ʅ | ər | 早市儿 |
| ɿ | | 羹匙儿 |
| ei | | 围嘴儿 |
| ən | | 大门儿 |
| i | iər | 面皮儿 |
| in | | 背心儿 |
| uə | uər | 便所儿 |
| uei | | 酒柜儿 |
| uən | | 冰棍儿 |

| | | |
|---|---|---|
| y | | 面鱼儿 |
| yn | yər | 裤裙儿 |
| u | ur | 东西屋儿 |
| au | aur | 石槽儿 |
| iau | iaur | 地窖儿 |
| əu | əur | 棉猴儿 |
| iəu | iəur | 煤球儿 |
| aŋ | ãr | 洋房儿 |
| iaŋ | iãr | 这样儿 |
| uaŋ | uãr | 天窗儿 |
| əŋ | ɔ̃r | 板凳儿 |
| iŋ | iɔ̃r | 水井儿 |
| uŋ | ũr | 门洞儿 |
| yŋ | yɔ̃r | 蚕蛹儿 |

# （五）子尾

　　大连方言带有子尾的词条，"子"的读音大多数弱化为 [ə]，例如：板杖子 [pan²¹tsaŋ⁵¹ə⁰]。但也有少数词条中的子尾弱化程度较低，读音为 [tsʅ]，例如：狮子口 [sʅ³¹tsʅ⁰kʰəu²¹³]。在歌谣和故事中的子尾通常弱化程度较低，读音为 [tsʅ]。

中国语言文化典藏

# 三 凡例

## （一）记音依据

发音人苗延强，男，1955 年 2 月出生，一直在大连市中山区、沙河口区生活、读书或工作，没有长期离开大连读书或工作的经历。其夫人也是大连市人，语言环境单纯。

## （二）图片来源

全书共收录图片 620 余幅。图片主要是近两年在大连市区拍摄的，也有一部分是在周边区域拍摄的。

图片拍摄者主要为作者和项目团队成员，部分图片由黄京拍摄。由他人提供的图片，注明拍摄者姓名，例如"1-14 ◆捷山街（嵇汝广提供）"。

0-3 ◆广鹿岛

## （三）内容分类

本书所收大连方言文化条目按内容分为 9 大类 35 小类：

（1）房屋建筑：住宅、其他建筑、建筑活动

（2）日常用具：炊具、卧具、桌椅板凳、其他用具

（3）服饰：衣裤、鞋帽、首饰等

（4）饮食：主食、副食、菜肴

（5）农工百艺：农事、手工艺、商业、渔业、其他行业

（6）日常活动：起居、娱乐、信奉

（7）婚育丧葬：婚事、生育、丧葬

（8）节日：春节、元宵节、清明节、端午节、开渔节、其他节日

（9）说唱表演：口彩禁忌、俗语谚语、歌谣、曲艺戏剧、故事

0-4 ◆ 海之韵

中国语言文化典藏

## （四）体例

（1）每个大类开头先用一段短文对本类方言文化现象做一个概括性的介绍。

（2）除"说唱表演"外，每个条目均包括图片、方言词条、解释性文案三部分。"说唱表演"不收图片，体例上也与其他部分有所不同，具体情况参看"玖 说唱表演"。

（3）各图单独、连续编号，例如"1-16"，连字符前面的数字表示大类，连字符后面的数字是该大类内部图片的顺序号，即图号。图号后面注拍摄地点（一般为街道名）。图号和地点之间用"◆"隔开，例如"1-11 ◆哈尔滨街"。

（4）在图下写该图的方言词及其国际音标。如是一图多词，各词之间用"｜"隔开，例如：新娘 [ɕin³¹nian²⁴] ｜ 新郎 [ɕin³¹laŋ²⁴]。

（5）正文中出现的方言词用引号标出，并在一节里首次出现时标注国际音标，对方言词的注释用小字随文夹注；在一节里除首次出现外，其他场合只加引号，不再注音释义。为便于阅读，一些跟普通话相同或相近的方言词，在同一节里除首次出现时外，不再加引号。

（6）同音字在字的右上角加等号"="表示，例如：逮⁼饭。

（7）方言词记实际读音，如有变音、变调等现象，一律按变音、变调音记。例如：走廊 [tsɤu²¹laŋ²⁴]（"走"单字音 [tsɤu²¹³]）。主要音变规律可参看本书"引言 二 大连方言"。

壹·房屋建筑

　　大连特殊的移民史、建城史和自然环境使城市布局与建筑带有鲜明的风格，其最大特色是本土文化同浓郁的欧洲文化、日本文化的交融。

　　大连的城市房屋建筑主要分为三大类。

　　一是中式房屋。除了早期的房子，中式房屋实际上多是中西混合的建筑，主要分布在西岗区的东关街一带。合围起来的大杂院儿，多为二层或三层，院内有中厅外廊，室内多为三开间。新中国成立后大连的房屋多是大型国有企业自建的家属楼。改革开放以后，新建了大批风格各异的住宅小区，城市面貌也发生了很大变化。

　　二是洋房，多指欧式建筑。位于城市核心的中山广场是大连最早、东北地区最大的圆形广场。广场按照巴黎风格模式打造，以广场为中心，辐射出十条街道，广场周边环绕十座建筑，有"十座楼房十个样，十条街道十个向"之说。"大连中山广场近现代建筑群"是全国重点文物保护单位。这些建筑有哥特式、文艺复兴式、巴洛克式等。

中国语言文化典藏

圆形穹顶、连券窗楣、罗马立柱、雕花浮雕纹饰，展示了浓郁的异域风格。地处胜利桥北的俄罗斯风情街，是具有俄罗斯 19、20 世纪建筑风格的街道，保留了多栋俄式古典建筑，红砖绿瓦，尖顶装饰，主体色彩明快，内部装修精致。街后身还有俄罗斯典型民居。旅顺太阳沟也保留有不少俄式房儿。

三是日本房。主要集中在大连中山区的南山一带，包括七七街、济南街、望海街及山林街周边。在这里能清晰感受到将大自然纳入庭院建筑构图的和式风格。日本房儿整体小巧玲珑，多是一栋两户的日本庭院式建筑，屋内有榻榻米、带推拉门的壁橱、暖气。全长 700 米的枫林街就是最有名的南山风情街。这里曾是上流社会聚居的高档别墅区，1945 年 8 月大连解放后，这些房屋成为百姓的居所。如今已成为人们休闲观光的地方。

一座座风格各异的老建筑，映衬着碧海蓝天，见证了大连的岁月变迁，汇成了凝固的历史文化记忆。

### 草房儿 [tsʰau²¹fãr²⁴]

用茅草和黄土作为建筑材料建成的简易房屋。房顶多用茅草覆盖，墙壁用黄土制成的"土坯"[tʰu²⁴pʰi³¹]砌成。大连人称黄土为"黄泥"[xuaŋ²⁴mi²⁴]。先用铡刀将茅草切成段，撒到黄土里用水搅匀，再用青砖大小的模具制成土坯，土坯晾干后便可砌墙建房。草房儿的墙也有用红砖砌下部、土坯砌上部的，见图1-1。

## 排子房儿 [pʰai²⁴tsɿ⁰faɾ²⁴]

指由多排连成片的房子，每排住多户人家，共用一个房顶，只有一层。房顶多是最常见的硬山式。

## 土房 [tʰu²¹faŋ²⁴]

主要有两种，一种类似"草房儿"（见图 1-1）；另一种称"干打垒"[kan³¹ta²⁴lei²¹³]，是民间工匠经过长期摸索形成的原始建筑方法，随闯关东传播到辽东直至东北腹地。即先用两层木板钉筑一空墙架，再用搅拌有茅草的黄土将空隙填实、晾干。

大连

壹·房屋建筑

## 洋房儿 [iaŋ²⁴fãr²⁴]

也叫"洋楼"[iaŋ²⁴ləu²⁴]，一般指近现代建的欧式建筑。主要包括哥特式、文艺复兴式、巴洛克式、罗马式等建筑。

中国语言文化典藏

## 筒子楼儿 [tʰuŋ²¹ə⁰ləur²⁴]

指中间是长长的走廊，走廊两边有多户人家，有公共水房和厕所的楼房。因走廊形似筒子而得名（见图1-8）。

## 二节楼儿 [ɚ⁵¹tɕiɛ²¹ləur²⁴]

泛指两层楼房，屋顶一般是"平屋顶儿"[pʰiŋ²⁴u³¹tiɚr²¹³]。

大连　壹·房屋建筑

## 内地 [nei⁵³ti⁵¹]

又叫"里屋儿"[li²¹ur³¹]、"内屋儿"[nei⁵³ur³¹]，是套间式格局的房子中里面的房间。

## 房盖儿 [faŋ²⁴kɚr⁵¹]

也叫"房顶儿"[faŋ²⁴tiɚr²¹³]、"屋顶儿"[u³¹tiɚr²¹³]。由于大连的房屋建筑风格多样，房盖儿的颜色也丰富多彩，在蓝天碧海绿树间特别漂亮。

1-8◆金家街

1-9◆寺沟路

**走廊** [tsəu²¹laŋ²⁴]

　　楼房室内的过道。室外的过道称为"外走廊"[uai⁵¹tsəu²¹laŋ²⁴]。

**灶间** [tsau⁵³tɕian³¹]

　　即厨房，家里生火做饭的地方。普通百姓建造的房子基本都是居中对称的三间房格局，也叫"挑担房"[tʰiau³¹tan⁵¹faŋ²⁴]，居于房子正中的一间是灶间，两旁的房间是卧室，叫"内地"（见图1-7）。

## 坡屋顶儿 [pʰuə³³u³¹tiə̃r²¹³]

　　也叫"斜屋顶儿"[ɕiɛ²⁴u³¹tiə̃r²¹³]，形状为坡形的房盖儿，具有良好的排水功能。大连因为有各种样式的洋房洋楼，所以坡屋顶造型多样。既有两面坡屋顶、多面坡屋顶（见图1-11），也有梯形坡屋顶、折腰式坡屋顶。

1-12◆刘家

## 平屋顶儿 [pʰiŋ²⁴u³¹tiər²¹³]

指的是平坦的房盖儿，常见于板楼、小平房、二节楼儿等。

## 五脊六兽 [u²⁴tɕi³¹liəu⁵³ʂəu⁵¹]

中国传统建筑常有"五脊六兽"之配。五脊指大脊及四条垂脊，大脊两端有龙头鸱吻，四条垂脊依次排列着狻猊、斗牛、獬豸、凤、押鱼等五个蹲兽。它们都是镇脊神兽，可避火消灾、祈吉祥、保平安。大连方言常用"五脊六兽"来形容一个人闲得无聊。

1-11◆哈尔滨街

1-13◆横山寺

1-15◆枫林街

### 疤瘌揪儿 [pa³³la³³tɕiəur³¹]

也叫"水泥疙瘩墙"[suei²¹ni²⁴kɤ³¹tɤ⁰tɕʰiaŋ²⁴]、"旋转窝状疙瘩墙"[ɕyan²⁴tsuan⁵¹uə³¹tʂuaŋ⁵¹kɤ³¹tɤ⁰tɕʰiaŋ²⁴]，是外墙面的一种，多见于日本房儿。墙面会有一个个旋涡状突起的水泥疙瘩，因形似疤瘌而得名。这种墙面比较坚硬，以前有大连人用疤瘌揪儿磨土豆皮。

### 花儿墙 [xuar³¹tɕʰiaŋ²⁴]

各种有镂空花样的墙。有用水泥砖瓦砌成的，也有用铁艺制成的，具有防护功能，兼有艺术性和观赏性。

1-17◆太阳沟

中国语言文化典藏

## 石头墙 [ʂʅ²⁴tʰəu⁰tɕʰiaŋ²⁴]

利用石头砌的外墙。石头有"磐石方且厚，可以卒千年"的文化寓意，坚固耐用，具有自然淳朴的本土特色。大连多丘陵，石材丰富，民居不乏用石头砌成的坚固墙壁。

## 木板儿墙 [mu⁵¹pɚ²¹tɕʰiaŋ²⁴]

由木骨架和板材两部分组成的墙。

## 门楼儿 [mən²⁴ləur²⁴]

中国传统民居的屋宇式大门，即在大院正门上方建挑檐式屋顶，大连人叫"门楼儿"。过去的老式院子街门常搭建有各式门楼儿。人们能从门楼儿看出这户人家的社会地位和生活状况。

中国语言文化典藏

# 照壁 [tʂau⁵³piⁿ⁵¹]

也叫"影壁墙"[iŋ²¹piⁿ⁵¹tɕʰiaŋ²⁴]，通常建在院中正对着院门处。照壁文化始于商周，元代要求院中必须立照壁。照壁除了遮挡视线、保护生活隐私外，还寄予避凶祈福的美好愿望。

# 大门儿 [ta⁵¹mər²⁴]

指房屋的正门或院子的大门。大连受齐鲁文化影响，通常采用转折入口，即大门不能正对堂屋，通常会遵从风水，建在院落的东南角，应八卦巽位。按易理，巽为入。大门颜色多采用黑色或朱红色。

1-22 ◆寺沟路

1-25 ◆寺沟路

## 半截门儿 [pan⁵¹tɕiɛ²¹mər²⁴]

一种低矮的小门。有一扇的，也有两扇对开的。一般作为室内具有分割功能的简易门，也可作为篱笆墙的院门。

## 木头窗儿 [mu⁵¹tʰəu⁰tsʰuãr³¹]

指窗框采用木制的、中式或欧式的窗户。大连原来可以见到各种各样的窗户，形态各异，造型精美。这些木框窗已经成为人们的记忆，只有一些老房子还保留着。

## 二道门儿 [ɚ⁵³tau⁵¹mər²⁴]

以前指进入大门后的第一道门。现在也指家里防盗门内侧安装的另一扇门。

1-21 ◆寺沟路

**小气窗儿** [ɕiau²¹tɕʰi⁵³tsʰuãr³¹]

　　用来通风换气的窗户。一般指房屋山墙上的圆形或三角形小窗，也指在玻璃窗上单独开关的小窗。

**飘窗** [pʰiau²⁴tsʰuaŋ³¹]

　　也叫"凸窗" [tʰu²⁴tsʰuaŋ³¹]、"凸肚窗" [tʰu²⁴tu⁵¹tsʰuaŋ³¹]、"奥里尔窗" [au⁵¹li⁰ɚ²¹³tsʰuaŋ³¹]，是中世纪欧洲建筑的细部特征之一。窗户向室外凸起、三面都有玻璃，增加了采光面积。以前的洋房飘窗比现在的要小。

大连　壹·房屋建筑

1-26 ◆南山街

## 老虎窗儿 [lau²⁴xu²⁴tsʰuãr³¹]

在斜屋顶上凸出来的天窗，用作房屋顶部的采光和通风。"老虎"源自英语 roof（屋顶）的谐音，也有人说因窗形似蹲在屋顶的老虎而得名。

## 菜园子 [tsʰai⁵¹yan²⁴ɚ⁰]

居民喜欢在空地上种蔬菜，有院子或住平房的更容易拥有自家的菜园。没有空地的也会在阳台、窗台等地方开辟小菜园。

1-27 ◆太阳沟

中国语言文化典藏

1-28 ◆太阳沟

## 板杖子 [pan²¹tʂaŋ⁵¹ə⁰]

特指由木板拼搭成的篱笆。篱笆也叫栅栏，是一种简易的围墙，有竹子的、木头的、金属的。

## 老街 [lau²⁴tɕiɛ³¹]

指的是年代久远的街道。大连著名的老街有：烟台街、东关街、望海街、七七街、高尔基路、凤鸣街、文化街等。

1-29 ◆凤鸣街（朱爱华摄）

**东关街** [tuŋ³¹kuan²⁴tɕiɛ³¹]

　　指的是青泥洼以西至北京街北段的区域，旧称"小岗子" [ɕiau²⁴kaŋ²¹ə⁰]。这里的建筑始建于1905 年，20 世纪 20 年代大多改建为中西混合建筑。通常十几户人家共同生活在一个大院里。

中国语言文化典藏

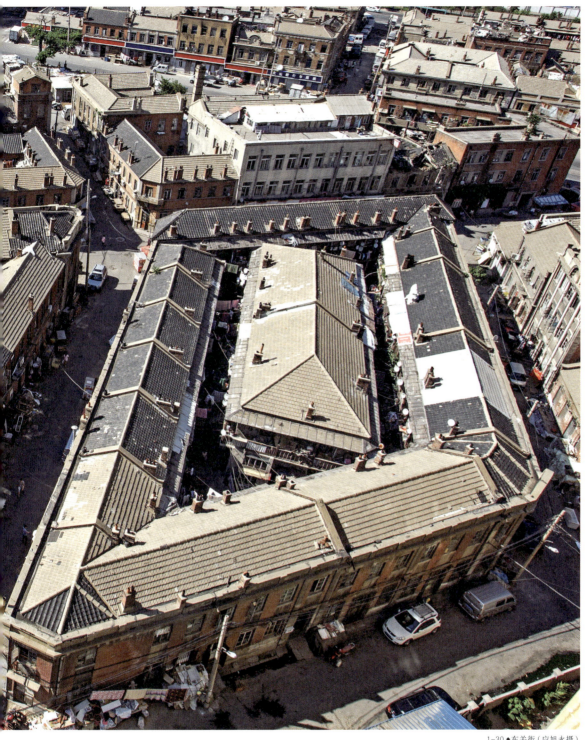

这里曾是"海南丢儿"[xai²¹nan²⁴tiəur³¹]山东闯关东人的自称的聚居区，也是当时中国人的居住区和繁华商业街。2020年东关街和旅顺太阳沟获批省级历史文化街区。

大连　壹·房屋建筑

1-31 ◆ 七七街

## 南山风情街 [nan²⁴san³¹fəŋ³¹tɕʰiŋ²⁴tɕiɛ³¹]

指的是大连日本风情街，指位于大连市东部南山七七街、济南街、望海街及山林街围合地块。新中国成立前曾是大连官宦、大商人的居所，保留着元帅楼、德国领事馆旧址等历史建筑。现在为历史文化景区。

## 工人村儿 [kuŋ³¹zən²⁴tsʰuər³¹]

位于香炉礁北，1955年前后建成，是当时大连最大的职工家属住宅区"工人新村"，老大连人将附近一带统称"工人村儿"。建筑采用苏联集体住宅样式，多为3—4层，大都是一条长过道连接起同处一层的各家各户。

1-33 ◆ 香炉礁

中国语言文化典藏

## 俄罗斯风情街 [ɤ²⁴luə²⁴sʅ³¹fən³¹tɕʰiŋ²⁴tɕiɛ³¹]

　　也叫团结街，位于胜利桥北，是大连开埠建市最早建成的街区，也是全国不多见的具有俄罗斯 19、20 世纪建筑风格的街道。这里还保留着大连最早的市政府达里尼市政厅旧址和达里尼市长官邸旧址。现为旅游景区。

### 旅顺太阳沟儿 [ly²¹suən⁵¹tʰai⁵¹iaŋ²⁴kəur³¹]

是大连最大的省级历史文化街区。作为近代城市雏形的遗存，保留着旅顺博物馆等风格各异的建筑群，有"露天建筑博物馆"的美誉。街区内现存全国重点文物保护单位4处，省级

中国语言文化典藏

1-34 ◆新华大街

文物保护单位 13 处。除了历史遗迹外，这里适宜春观樱花、夏看蔷薇、秋赏彩叶、冬看飘雪，是多部电影的拍摄地。

### 俄罗斯房儿 [ɤ²⁴luə²⁴sʅ³¹fãr²⁴]

也称为"俄式房儿"[ɤ²⁴sʅ⁵¹fãr²⁴]、"俄国房儿"[ɤ²⁴kuə²⁴fãr²⁴]、"苏联房儿"[su³¹lian²⁴fãr²⁴]，主要指 19 世纪末至 20 世纪初具有俄式特点的洋房。这座建筑位于俄罗斯风情街街口，始建于 1902 年，现为大连美术馆，建筑整体色彩明丽、敦实厚重，墙面有雕刻花纹，屋顶造型别致。

## 木刻楞 [mu⁵¹kʰɤ²¹ləŋ⁰]

俄罗斯典型传统民居，具有冬暖夏凉，结实耐用等优点。修建时先用石头打地基，灌上水泥，把木头一层层往上叠垒，用木楔加固。俄式烟囱便于排烟和防火。位于先进街的这座木刻楞，大约建于1902年。

## 日本房儿 [z̩⁵¹pən²¹fãr²⁴]

当地人指过去日本侨民居住过的房子。多是一栋两户的日本庭院式建筑，为一层或两层。房间不大，屋内有榻榻米、带推拉门的壁橱、暖气。一些外墙有"疤癞揪儿"（见图1-15）。阁楼带有天窗，房前有小院子。

大连

壹·房屋建筑

**偏厦子** [pʰian³¹sa⁵¹ə⁰]

搭建在房子旁侧用来堆放杂物的小屋。一般用旧木板或旧砖瓦搭建而成，屋顶一般用油毡纸或瓦铺设。

1-38◆寺沟路

**俄式雨棚儿** [ɤ²⁴ʂɿ⁵¹y²¹pʰə̃r²⁴]

俄式房子多用木头制成的悬挂式或柱式雨棚。棚顶呈三角形，上面覆盖着瓦。木头上有雕花装饰。

1-39◆南关岭（嵇汝广提供）

中国语言文化典藏

**烟囱** [ian³¹tsʰuŋ⁰]

也被从山东移民到大连的老辈人叫作"釜台筒儿"[fu⁵¹tʰai²⁴tʰur̄²¹³]，是当地民居必备的排烟建筑。种类繁多，样式不一，如欧式建筑的落地大烟囱、位于山墙或屋顶的小烟囱。现在楼房都集中供暖，用天然气做饭，只有在老街区还能看到烟囱。

**跨海烟囱** [kʰua⁵¹xai²¹³ian³¹tsʰuŋ⁰]

也称"落地烟囱"[luɤ⁵³ti⁵³ian³¹tsʰuŋ⁰]，满语谓之"呼兰"。在满族传统民宅中，无论青砖瓦房还是土坯草房，烟筒都像一座小塔一样立在房山之侧或南窗之前。

大连｜壹·房屋建筑

43

1-43 ◆中山广场（雪林摄）

### 中山广场 [tsuŋ³³san³¹kuaŋ²⁴tʂʰaŋ²¹³]

位于人民路和中山路交汇处，是大连最早、东北最大的圆形广场，广场周边有十座建筑环绕。如位于中山广场北侧、建于 1909 年的横滨正金银行大连支店旧址（现为中国银行），是大连最具代表性的建筑。建筑立面为五段划分，窗楣为断裂山花。其突出特征是三个绿色圆形穹顶，中间大，两边小，是典型的拜占庭式风格（见图 1-44）。位于中山广场西侧、建于 1920 年的朝鲜银行大连支店旧址（现为中国工商银行），是具有古典复兴风情的折中主义建筑。正立面 6 根高大的科林斯柱组成的柱廊是它的代表性特征（见图 1-45）。位于中山广场西南侧、建于 1908 年的大连民政署旧址（现为辽阳银行）。此楼是中山广场的第一座建筑，属哥特式复兴风格建筑。建筑立面两端突出三角形山花，中央高耸尖塔，底层窗采用连券式窗楣，上层窗用柱式划分，红墙衬托白隅石与装饰线脚（见图 1-46）。位于中山广场南侧、建于 1914 年的大和宾馆旧址（现为大连宾馆），属于文艺复兴与巴洛克式风格相融合的欧式建筑，是当时亚洲一流的豪华旅馆，也是中山广场名人故事最多的老建筑（见图 1-47）。人民文化俱乐部建成于 1951 年，由郭沫若题名。建筑属于简约式对称设计，仿欧洲 19 世纪剧院较流行的大山花雕塑和罗马柱，内部大跨度圆形穹顶及雕花式舞台拱形台口，是当时国内先进的剧场建筑设计之一，经过多次改造，已成为满足市民文化需求、展示国内外优秀艺术成果和城市文化形象的重要窗口（见图 1-48）。以中山广场为中心，形成了放射状街道的欧式城市格局。康有为曾赞誉："徒观其气象，巨丽压百郡"。中山广场为辽宁省历史文化街区，中山广场近代建筑群为国家重点文物保护单位。

1-42◆中山广场（雪林摄）

1-44◆中山广场（刘桐博摄）

1-45 ◆中山广场（刘桐博摄）

1-46 ◆中山广场

1-47 ◆中山广场

1-48 ◆中山广场

中国语言文化典藏

## 旅顺博物馆儿 [ly²¹suən⁵¹pɤ²⁴u⁵¹kuɐr²¹³]

位于旅顺口区列宁街，1917 年正式开馆，是东北地区最早的博物馆、中国一级博物馆、国家重点文物保护单位。馆藏以大连地区考古出土文物、中外传世文物等为主。

1-50 ◆列宁街

## 五二三工厂俱乐部 [u²¹ɚ⁵³san³¹kuŋ³¹tʂʰaŋ²¹tɕy⁵³lɤ⁵³pu⁵¹]

五二三厂是建于 1947 年的军工厂。这里生产的炮弹和山东的小车为解放战争的胜利做出了重要贡献，中国的"保尔·柯察金"——吴运铎曾在这里工作。五二三工厂俱乐部是一栋两层红砖苏式建筑，主要用于放电影和演出。

1-49 ◆海北路（嵇汝广提供）

## 大连自然博物馆儿 [ta⁵¹lian²⁴tsʅ⁵¹ʐan²⁴pɤ²⁴u⁵¹kuɐr²¹³]

　　位于沙河口区黑石礁西村街，是我国最早的自然博物馆，始建于 1907 年。新馆为现代欧式建筑，是一座集地质、古生物、动物、植物标本收藏、研究、展示于一体的综合性自然科学博物馆。

## 大连博物馆儿 [ta⁵¹lian²⁴pɤ²⁴u⁵¹kuɐr²¹³]

　　国家一级博物馆，位于沙河口区会展路，是以"大连"冠名的综合性博物馆。主体建筑地上四层，地下一层，建筑面积 3.04 万平方米，陈列面积 1.5 万平方米。此馆举办过近代大连、大连非遗、大连老物件等有影响的展览。

中国语言文化典藏

1-51◆西村街

1-52◆会展路

1-53◆星海广场

## 贝壳博物馆儿 [pei⁵¹kʰɤ²⁴pɤ²⁴u⁵¹kuɐɾ²¹³]

位于星海湾的贝壳博物馆，是世界最大的集贝类研究、科普教育、展览展示、收藏和国际交流为一体的专业性博物馆。博物馆由首届"梁思成建筑奖"获得者、著名建筑学家齐康院士设计，该奖项是中国建筑界的最高奖。

## 旅顺老火车站 [ly²¹suən⁵¹lau²¹xuə²⁴tʂʰɤ³¹tsan⁵¹]

旅顺有两座火车站，第一座建于 1900 年，曾开出我国首趟国际列车。现作为标志性建筑的旅顺火车站建于 1905 年，是俄式建筑。建筑平面呈"一"字形，入口处加设门斗，中间顶部为蘑菇形塔楼，曾被誉为"中国最美火车站"。

**大连火车站** [ta⁵¹lian²⁴xuə²⁴tʂʰɤ³¹tsan⁵¹]

　　大连标志性建筑之一，建于 1936 年，是当时亚洲最大的火车站，采用航空港旅客高进低出设计理念。结构为两层，内部有南站房、高架候车室和北站房；外部有宏孚桥地下通道和站南广场。人车分流的横向弧形桥梁式设计，鸟瞰形似大连的"大"字。

1-55◆长江路（汤亚辉摄）

## 大坞 [ta⁵³u⁵¹]

指的是旅顺船坞。当年这里是"东方第一大坞",是北洋海军停泊维修军舰的地方。大坞建成后,停泊在旅顺口的军舰多达 25 艘。它和千余米的"坝沿儿"[pa⁵¹ier²⁴]经历了百年风雨,沿用至今,坚固如初。

1-56◆旅顺口区港湾街(李慧摄)

### 大连港 [ta⁵¹lian²⁴kaŋ²¹³]

位于大连湾内，港阔水深，是天然的不冻港，始建于1899年，1919年发展为全国第二大海港，曾经三次被辟为自由贸易港，现为全国第八大海港。2019年入选"中国工业遗产保护名录"。

1-57◆港湾街

### 大连港老码头 [ta⁵¹lian²⁴kaŋ²¹³lau²¹ma²¹tʰəu²⁴]

位于大连湾内，始建于1899年，1924年建有形似钥匙的客运站，1926年建有形似驾驶舱的港务局大楼。它是中国南北水陆交通运输枢纽和重要国际贸易港口之一。现为老码头帆船基地、老码头史迹馆所在地。

1-58◆港湾街

57

## 旅顺港 [ly²¹suən⁵¹kaŋ²¹³]

我国重要的天然军港之一，也是世界著名的不冻港，始建于1880年，1890年竣工，为中国近代建成的第一个巨大工程。它四周群山环抱，东有黄金山，西有老虎尾半岛，西南是老铁山，天然形胜，被誉为"天下奇观"。

## 旅顺口 [ly²¹suən⁵¹kʰəu²¹³]

辽代称"狮子口" [sʅ³¹tsʅ⁰kʰəu²¹³]，因黄金山和老虎尾之间形似狮子口而得名。位于辽东半岛最南端，与山东半岛隔海相望，与朝鲜半岛跨海毗邻。

## 老铁山灯塔 [lau²¹tʰiɛ²⁴san³¹təŋ³¹tʰa²¹³]

　　位于旅顺口南端，是应旅顺港之需建造的。塔高 14.2 米，直径 6 米。所对海面恰好是黄渤海分界线。装备的大型光学透镜是水晶玻璃手工磨制而成的。1893 年灯塔建成时，被誉为"世界十大灯塔"之一。

1-62◆茂林街

## 炮台 [pʰau⁵¹tʰai²⁴]

旧时建在要塞的用于发射火炮的工事。旅顺口是历代兵家必争之地，史称"登津之咽喉，南卫之门户"。到了近代，水师营成为北洋海军基地。北洋海军在旅顺口南部海岸和北部山岭建筑岸防炮台、陆防炮台共13座。

## 扇形儿车库 [ʂan⁵¹ɕiə̃r²⁴tʂʰɤ³¹kʰu⁵¹]

用来停放机车和实现调头的特殊建筑。建于1916年至1918年的半圆状车库，因其形似扇子，故称为扇形儿车库。中间有可以旋转360度的圆盘式"转车台"[tʂuan²⁴tʂɤ³¹tʰai²⁴]。火车司机只需将机车开上转车台，再由两个人同时握住操作杆旋转180度即可实现调头。

1-65◆海洋街（嵇汝广提供）

中国语言文化典藏

# 老厂房儿 [lau²⁴tʂʰaŋ²¹fãr²⁴]

主要指大连近现代工业生产使用的厂房，是工业遗产之一。锯齿形的老厂房是其中的代表。老厂房主要分布在甘井子区、沙河口区和西岗区等。

# 电车库 [tian⁵³tʂʰɤ³¹kʰu⁵¹]

用来停放、维修电车的地方。大连电车库建于 1909 年，始运营于 1909 年 9 月 25 日。它和大连电车轨道是亚洲保存最完整、年代最久远的电车遗迹。

1-66◆胜利桥

## 胜利桥 [ʂən⁵³li⁵¹tɕʰiau²⁴]

位于俄罗斯风情街附近，前身是建于1899年的露西亚木桥，是大连第一座跨线桥。1907年，改建为米兰式钢筋混凝土连续五跨实腹无铰拱桥。桥基、桥柱、桥栏、桥头均为花岗岩砌筑，雕刻着文艺复兴式花纹。

1-67 ◆港湾桥

## 港湾桥 [kaŋ²⁴uan³¹tɕʰiau²⁴]

我国最早的城市立交桥。1924年大连港为避免铁路和道路交叉,建设了这座立交桥。是大连具有特殊意义的标志性建筑。

1-68 ◆滨海路

## 北大桥 [pei²¹ta⁵¹tɕʰiau²⁴]

三跨简支加劲桁架悬索桥,全长230米,始建于1984年,是大连市与日本北九州市友好往来的象征。北大桥还有"情人桥"之称,很多大连的新人们举行婚礼后,都要走滨海路上的北大桥,希望百年好合。

**跨海大桥** [kʰua⁵¹xai²¹³ta⁵¹tɕʰiau²⁴]

指的是星海湾跨海大桥，是中国首座海上地锚式悬索跨海大桥，建成于2015年，全长约6公里，两层桥面均为双向四车道城市快速路，是星海湾一个新的旅游景点、大连市新的地标式建筑。尤其是节日的夜晚，这里成为灯光秀、烟花秀的主场地。

**海堤子** [xai²⁴ti³¹ə⁰]

即防波堤，沿海岸修建的具有防波挡浪作用的建筑。一般由钢筋、砂石和水泥浇筑而成的大型筑件建造而成。

1-70◆星海湾

中国语言文化典藏

## 大坝 [ta⁵³pa⁵¹]

指水库区域用于拦水的建筑。大连建有 30 多座水库，有多个拦水大坝。龙王塘水库大坝建成于 1924 年，坝长 326.7 米，高 33.9 米。主坝是混凝土石块的重力坝，工艺先进，当时在饮用水蓄水工程方面领先于国内。

## 纪念塔 [tɕi⁵³n̩ian⁵¹tʰa²¹³]

　　旅顺有许多纪念塔，图为中苏友谊纪念塔，位于旅顺博物馆前广场中心，始建于1955年，奠基碑文为周恩来总理题写。塔身用汉白玉、大理石、花岗岩建成，塔高22.2米。此塔是大连第一个全国重点文物保护单位，也是首批全国重点文物保护单位。

**雕塑** [tiau$^{31}$su$^{51}$]

    大连的雕塑随处可见，其中比较有名的有星海广场、海之韵、棒棰岛的城市雕塑。图为1955年建成的苏军烈士纪念碑，站立的苏军战士铜像曾是全国最大的青铜雕塑，2009年获"新中国城市雕塑建设成就奖"。

## 滨海路 [pin³¹xai²¹lu⁵¹]

一条东起海之韵、西至星海广场，全长 32 公里的沿海公路。滨海路依山临海，共分四段，连接了棒棰岛、老虎滩海洋公园、森林动物园等风景名胜。这里是市民徒步锻炼的好去处，也是婚车的必经之路，还是多部影视剧的拍摄地。

中国语言文化典藏

1-76 ◆滨海西路

## 木栈道 [mu⁵¹tʂan⁵³tau⁵¹]

当地在海边或湖边修建有多条木栈道。图为滨海路的木栈道，全长 20.99 公里，起自星海湾大桥，止于海之韵公园，共 11 个观景台，是人们徒步锻炼、观赏海景的好去处，也是大连每年一度的国际徒步节的必走线路。

## 大铜狮子 [ta⁵¹tʰuŋ²⁴sɿ³¹ə⁰]

位于旅顺港港口东侧的军港公园内，是旅顺口的标志。周恩来总理曾说："一个旅顺口，半部近代史。"辽代，旅顺口叫狮子口。"醒狮"[ɕiŋ²⁴sɿ³¹]屹立在军港岸边，寓意深长。

## 便所儿 [pian⁵¹suər²¹³]

即厕所，有室内和室外之分，图1-77为室外厕所。

大连

壹·房屋建筑

**苞米楼子** [pau³¹mi⁰ləu²⁴ə⁰]

也叫"苞米仓子"[pau³¹mi⁰tsʰaŋ³¹ə⁰]，满语称之为"哈什"。它一般下以木桩支撑，上似一间用木条围成的小房子，搭有盖儿。这种农家院里的小"空中楼阁"，主要用于储存玉米，利于通风防雨。

1-78 ◆旅顺北路

**水井儿** [ʂuei²⁴tɕiə̃r²¹³]

大连有厚重的井文化传统，如地名"甘井子"源自闯关东移民打的一口甜水井。此井位于甘井子街，后被填埋。现在大连农村还保留着一些用于生活、灌溉的水井。民俗文化村的水井主要是为了展示，已成为一种文化记忆。

1-79 ◆寺沟路

1-80◆庄河长岭（孙德宇提供）

## 上梁 [ʂaŋ⁵¹liaŋ²⁴]

　　起屋盖房最隆重的环节。选用木性坚韧、耐湿耐腐的榆木做大梁，寓意生活幸福有余粮。上梁须选黄道吉日，亲朋好友会送来贺礼。以前有各种祭祀环节，现在只保留了鲁班斧、敲脊檩、挂红布、挂大钱等。

## 砌墙 [tɕʰi⁵¹tɕʰiaŋ²⁴]

　　砌墙时瓦匠通常用左手持托灰板，装上混合砂浆或水泥砂浆，右手拿抹子，一般采用全顺式等砌砖的方法。过去大连的老建筑经常使用质地细密坚硬的耐火红砖砌墙。一些老洋房当时在砌墙时还把糯米掺入灰浆增强黏合度。

1-81◆营城子

71

## 抹灰儿 [mɤ²⁴xuər³¹]

　　用灰浆涂抹在房屋建筑的墙、地、顶棚表面上的一种传统的施工方法，具有保护基层和增加美观的作用。通常把位于室内各部位的抹灰叫内抹灰，把位于室外各部位的抹灰叫外抹灰。

## 加保温层 [tɕia³¹pau²⁴uən³¹tsʰəŋ²⁴]

　　指在楼体外加一层保温材料，加强楼房的保温性。多见于对老式楼房的修整。

中国语言文化典藏

## 挂瓦 [kua⁵¹ua²¹³]

指在坡屋顶上排列瓦片的工序，需要把瓦挂在挂瓦条上。

## 修大棚 [ɕiəu³¹ta⁵¹pʰəŋ²⁴]

指在农闲时节对种植果蔬的大棚进行维修的活动。

大连

壹·房屋建筑

日常用具与人们的生活息息相关，最能体现家庭生活的美好记忆。随着生活质量的提高，城市里已经很少能见到特别传统的日常用具，取而代之的多是现代化、电子化的商品。现在，大连本地的炊具、卧具、桌椅板凳已和其他城市地区没有太大差异。

以前大连农村家家户户的灶间都有用砖砌成的灶台，旁边放着风匣子。铁锅里添好水，点燃柴火放进灶洞儿里，一手拉风匣子，一手添柴火，夕阳下袅袅炊烟从各式烟囱里慢慢升起，伴以锅碗瓢盆叮当作响，平淡又真实。

城市居民的家具用品以前也很简陋，只有一个大衣柜、长条板凳和米缸等，吃饭

中国语言文化典藏

的时候就在炕上放一个炕桌儿。家里讲究一些的，有八仙桌儿、炕柜儿等。随着时代的变迁、生活水平的提高，家里的摆件越来越多、越来越现代。20 世纪 50 年代有"一柜、二箱、一桌、一镜"，60 年代有"三转一响"和"二十四条腿"。"三转一响"即自行车、缝纫机、手表和收音机；"二十四条腿"即大立柜、高低柜、两把椅子、圆桌、写字台。80 年代出现了高档家具和家电。通信工具也从 BP 机、拨盘儿电话变成网络、手机。

　　一件件日常用具记录了生活的变迁、城市的发展。

2-1 ◆刘家

## 灶台 [tsau⁵¹tʰai²⁴]

也被从山东移民到大连的老辈人叫作"釜台" [fu⁵¹tʰai⁰]，一般是用砖砌成的正方体或长方体炉灶，把锅嵌在里面，下面有可放柴火的灶洞儿。锅周围可放东西的平面部分也叫"锅台" [kuə³¹tʰai²⁴]。

## 风匣子 [fəŋ³¹ɕia²⁴ə⁰]

一种木制的放在灶台旁的鼓风用具。做饭时一边往灶洞儿送柴火，一边用手拉动风匣子，通过压缩鼓动空气，能使炉火旺盛。

中国语言文化典藏

2-2 ◆营城子

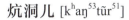
2-4 ◆寺沟路

### 炕洞儿 [kʰaŋ⁵³tũr⁵¹]

炕下面的小洞，用来加柴火烧炕，常与烟囱相连。

2-5 ◆营城子

### 煤球儿炉子 [mei²⁴tɕʰiəur²⁴lu²⁴ʅ⁰]

一种烧煤球的炉子。有用砖砌成的，也有铁制的圆柱形或葫芦形的。有煤球直径大小的炉膛，可以上下摆放若干个煤球，连接一个烟囱，将烟排向室外。以前，当地人用于烧火、做饭、取暖，后来随着生活条件改善，都改用"瓦斯"[ua²⁴sʅ⁰]煤气了。

### 灶洞儿 [tsau⁵³tũr⁵¹]

位于灶台下部的小洞，主要用来添加柴火。有的分为上下两层，下面的用于掏灰和透气，能使火烧得更旺。

2-3 ◆刘家

2-6◆会展路

2-10◆刘家

## 蜂窝儿煤 [fəŋ³³uər³¹mei²⁴]

即煤球，是煤球炉子的燃料。这种有 12 个孔、类似蜂窝状的煤球儿，是以前大连许多居民的主要家用燃料。它高效易燃、成本低廉、使用方便。

## 钢种锅 [kaŋ³¹tsuŋ²⁴kuə³¹]

实际指的是铝制的锅，现在多用不锈钢的（见图 2-10）。这种锅比较深，里面有隔层，可同时蒸煮多道饭菜，能节省时间和空间。以前家里人口多，几乎家家户户都有这种锅。

## 煤锨 [mei²⁴ɕian³¹]

用于铲煤的铁锨，小的称"煤铲儿" [mei²⁴tsʰɐr²¹³]。这些和火钳等组成烧火工具。

## 块儿煤 [kʰuɐr⁵¹mei²⁴]

经简单筛选后剩下的比较大的有烟煤块儿，具有火力大、耐燃烧的特点。

2-8◆宏业街

2-7◆太阳沟

中国语言文化典藏

2-11 ◆刘家

2-12 ◆刘家

## 铁锅 [tʰiɛ²⁴kuə³¹]

也叫"炒勺儿"[tsʰau²¹ṣaur²⁴]。一般用来炒菜，也可以"烀饼子"[xu³¹piŋ²¹ə⁰]贴饼子。

## 锅盖 [kuə³¹kai⁵¹]

扣在锅上的圆形盖子，有保温和防止锅内食物溅出等作用。以前多是木制的，也有铝制的。现在多是不锈钢的、透明玻璃的。

## 柴火垛子 [tsʰai²⁴xuə⁰tuə⁵¹ə⁰]

指把能用来烧火、做饭、取暖的树枝、木头、秸秆等堆积成的垛子。过去谁家院子柴火垛子码得整齐、高大，就表示这家人勤快、冬天取暖做饭有保障。

2-9 ◆寺沟路

2-13◆兴业街

**箅梁** [pi⁵¹liaŋ⁰]

一种木头或者竹子做的放在锅里用于蒸、馏食物的用具，也有人叫"竹箅子" [tsu²⁴pi⁵¹ə⁰]、"饼簾" [piŋ²¹lian³¹]。现在多是铝制的、不锈钢的，漏孔的形状也由条格变成了圆孔。

**笊篱** [tsau⁵¹li⁰]

一般用竹篾、柳条儿、铁丝等编制而成，烹饪时用来捞取食物，可滤水、滤油。现在多用铝制的或不锈钢的漏勺儿。

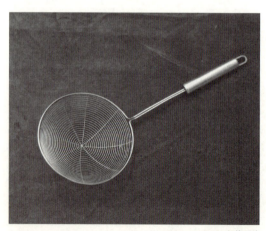

2-16◆红旗西路

2-17◆西南路

**炊帚** [tsʰuei³¹tsəu⁰]

以前当地人用来扫面、刷锅的炊具。现在一般家庭多用钢丝球、刷子或洗碗布等。

中国语言文化典藏

2-14◆星台街

2-15◆兴业街

## 盖帘 [kai⁵¹lian⁰]

一般用粗细均匀的高粱秆儿制成。当地人通常用来摆放饺子和各种制作中的面食，还可当大锅盖使用。

## 笼屉 [luŋ²⁴tʰi⁵¹]

指的是蒸笼里的一层，多以竹、木、铁皮等材料制成，是主要用来蒸制食物的炊具，大多见于农村、街边包子铺等。蒸制食物时，通常还会在笼屉上铺一层"笼屉布儿" [luŋ²⁴tʰi⁵³pur⁵¹]。

## 模子 [mu³¹ə⁰]

以前也叫"小卡儿" [ɕiau²⁴kʰar²¹³]，是中秋节用来做月饼、七夕节用来做巧馃儿的模具。一般用木头制成，刻有各种吉祥图案。

2-19◆宏业街

## 捣子 [tau²¹ə⁰]

"掂蒜" [tian³¹suan⁵¹]捣蒜的工具，也有人叫"蒜窝子" [suan⁵³uə³¹ə⁰]，由石头或木头等制成。很多老人喜欢把蒜放在捣子里，捣成蒜泥，加点醋，拌菜或配饭吃。

2-18◆兴业街

2-21◆宏业街

2-22◆柳树南街

### 筷笼子 [kʰuai⁵³luŋ³¹ə⁰]

也被从山东移民到大连的老辈人叫作"箸笼" [tsu⁵¹luŋ⁰]，是装筷子的器具。

### 菜板儿 [tsʰai⁵¹pɐr²¹³]

切菜用的长方形板子，用木头或塑料等制成。

### 灶柜儿 [tsau⁵³kuər⁵¹]

厨房中用来存放厨具的柜子，现在也称"橱柜儿" [tʂʰu²⁴kuər⁵¹]、"碗柜儿" [uan²¹kuər⁵¹]。

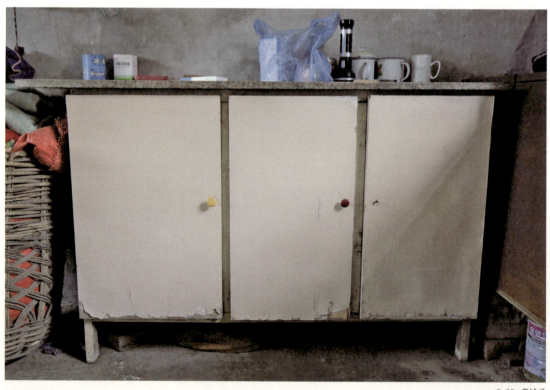

2-20◆营城子

中国语言文化典藏

2-23 ◆宏业街

## 面板儿 [mian⁵¹ per²¹³]

在制作面食时，用来和面、擀面等的厚木板。一般为长方形，比菜板大而且厚。

2-24 ◆柳树南街

## 肉墩子 [zou⁵³tən³¹ə⁰]

一种圆形的实木墩，主要用来剁肉、剁骨头。"肉墩子"比面板厚很多，很结实，一般用树干的横断面做成。

## 钵儿 [puər²¹³]

洗菜、洗水果用的小盆儿。以前多是铝制的，现在多为不锈钢的。

## 搪瓷盘儿 [tʰaŋ²⁴tsʰ˹²⁴pʰɐr²⁴]

搪瓷材质的盘子。小的可以盛菜、放馒头；大的可以摆放茶壶、茶杯。

2-25 ◆宏业街

2-26 ◆西南路（赵琨提供）

2-27 ◆会展路（季禾子摄）

**搪瓷盆儿** [tʰaŋ²⁴tsʰ˞²⁴pʰər²⁴]

搪瓷材质的盆，多用作洗脸或洗衣服等。以前这种盆是单位给职工的常见奖品。结婚用的搪瓷盆儿，一般是一对鸳鸯的图案或囍字。

2-28 ◆宏业街

**擦子** [tsʰa²¹ə⁰]

也称"擦铳"[tsʰa²¹tsʰuŋ⁰]，将土豆、萝卜、黄瓜等搓成丝状的用具。

2-29 ◆柳树南街

**磨刀石** [mɤ²⁴tau³¹ʂ˞²⁴]

磨刀的石头。灰色黏质砂岩石最好，石英的也不错。

**饼面儿筛子** [piŋ²¹miər⁵¹sai³¹ə⁰]

专门筛面粉的生活用具。目的是使小颗粒面粉通过细孔漏下去，把结块的面粉和大颗粒的杂质分离出来，筛选出细面粉。

中国语言文化典藏

**锉刀** [taŋ⁵³tau³¹]

用于磨刀的金属棒。其作用类似于磨刀石。

2-30 ◆柳树南街

2-31 ◆营城子

2-32 ◆会展路

## 床 [tsʰuaŋ²⁴]

睡觉、休息用的木制或金属等材料制成的卧具。

## 炕 [kʰaŋ⁵¹]

一般是用砖、坯、石板等砌成的,单独设灶或与厨房灶台相通,烧火做饭时可以把热量传到炕下。本地有"热炕头儿"[iɛ⁵³kʰaŋ⁵¹tʰəur²⁴]基本生活满足的说法。以前炕的用途不单是睡觉休息,平时炕上放炕桌,可以在上面吃饭;火炕热乎,可以在炕上发面蒸包子;上邻居家串门,都是坐炕上聊天。

2-33 ◆寺沟路

85

## 榻榻米 [tʰa²¹tʰa⁰mi⁵¹]

日语たたみ的音译，是"日本房儿"[zʅ⁵¹pən²¹fãr²⁴]（见图1-37）常见的供人坐卧的家具，其作用相当于中国房儿里的炕或床。现在的榻榻米不再局限于日本房儿。

## 被格儿 [pei⁵¹kɤr²¹³]

被子规整叠放时，形成的十分整齐的条格，像柜子里带的横格一样。

2-37 ◆寺沟路

## 八仙桌儿 [pa²⁴ɕian³¹tsuər²¹³]

四边长度相等、桌面较宽的方桌，常和太师椅配套摆放。农村家里来客，讲究用八仙桌摆饭菜待客。八仙桌也用于各种节日摆放供品。

## 炕桌儿 [kʰaŋ⁵¹tsuər²¹³]

放在炕上使用的矮小桌子。家人或来客可以盘腿坐在炕上，围着炕桌吃饭或者"拉呱儿" [la²⁴kuar³¹] 聊天。

2-36 ◆寺沟路

87

## 条几 [tʰiau²⁴tɕi²¹³]

传统家具的一种，流行于明朝时期，主要用来摆放装饰品。

## 太师椅 [tʰai⁵³ʂ̩³¹i²¹³]

古家具中唯一用官职来命名的椅子，原为官家之椅，是权力和地位的象征，一般摆放在八仙桌两侧。太师椅体态宽大，靠背与扶手连在一起，形成围屏状的"椅圈儿"[i²⁴tɕʰyɤ³¹]。大连沿海地区有用"椅圈儿"来命名的小海湾。

中国语言文化典藏

2-40 ◆刘家

2-41 ◆营城子

## 板凳儿 [pan²¹tə̃r⁵¹]

木头做的一种凳子，多为狭长形。由一块儿木板和四条木腿组成。

## 小杌凳儿 [ɕiau²⁴u²¹tə̃r⁵¹]

板凳儿的一种，一般较矮小。

2-42 ◆联合路

## 马扎子 [ma²⁴tsa³¹ə⁰]

可折叠的小型便携坐具，两条腿交叉作为支架，上面带有不同材质的条带或绳子等。当地老人上街或去玩乐时经常携带。

2-43 ◆寺沟路

### 澡盆儿 [tsau²¹pʰər²⁴]

用木头或其他材料制成的洗浴用具。过去大连人常使用这种木桶式的澡盆儿。

### 尿钵儿 [n̠iau⁵¹puər²¹³]

一般指夜里使用的尿盆。有搪瓷的，也有塑料的。

### 扫炕笤帚 [sau²¹kʰaŋ⁵¹tʰiau²⁴tʂou⁰]

用来打扫炕或床的专用笤帚。现在指用木头或塑料制成的扫床刷子。

中国语言文化典藏

2-45 ◆会展路

2-46 ◆宏业街

### 脸盆儿架儿 [lian²¹pʰər²⁴tɕiar⁵¹]

上面搭毛巾，下面可以放盆子的架子。过去多为木质，现在已经基本不用了。

### 笤帚 [tʰiau²⁴tʂəu⁰]

人们日常用来扫除杂物的工具，大多是用竹子或高粱糜子做成。大的也称为"扫帚" [sau⁵¹tʂəu⁰]（见图 2-47）。用高粱糜子做的小的笤帚（见图 2-48）用过一段时间后渐渐变秃，就成了"笤帚疙瘩" [tʰiau²⁴tsəu⁰kɤ³¹tɤ⁰]。

大连

贰·日常用具

2-49◆柳树南街

### 撮子 [tsʰuə²¹ə⁰]

用来收拾垃圾的工具，与"笤帚"（见图2-48）配套使用。一般是金属或塑料材质的。

2-50◆宏业街

### 电棒儿 [tian⁵³pãr⁵¹]

也叫"电筒" [tian⁵¹tʰuŋ²¹³]、"手电筒" [ʂəu²¹tian⁵¹tʰuŋ²¹³]、"手电" [ʂəu²¹tian⁵¹]。是一种手持式简易照明工具，一般装两节5号电池。以前用电棒儿早上照着路去上学或上班，晚上带着去赶海或外出。

### 酒坛子 [tɕiəu²¹tʰan²⁴ə⁰]

指装酒的坛子，多是陶制的。酒坛子上宽下窄，开口小，便于密封。酒在坛子里放的时间越长就越醇香。大连人说某人嗜酒就说他是个"酒坛子"。

### 水缸 [suei²⁴kaŋ³¹]

装水用的大缸，体积较大，上宽下窄，可加盖子，是过去家里常用的存水器具。

2-52◆寺沟路

2-54◆营城子

中国语言文化典藏

2-51◆黄河路

2-53◆柳树南街

## 蒲扇 [pʰu³¹ʂan⁰]

用蒲葵的叶和柄制成的扇子，也称"蒲葵扇"[pʰu³¹kʰuei²⁴ʂan⁵¹]、"葵扇"[kʰuei²⁴ʂan⁵¹]。蒲扇的面积相对较大，一扇子扇过来，特别凉快。很多人小时候都是在长辈扇动的蒲扇下，感受着习习凉风睡着的。

## 猪油儿坛子 [tʂu³¹iəur²⁴tʰan²⁴ə⁰]

指的是装猪油的小坛子。猪油又叫"荤油"[xuən³¹iəu²⁴]。年三十将猪油儿坛子搬一下、动一下，有"动婚"[tuŋ⁵¹xuən³¹]"婚"音谐"荤"的说法，预示着要结婚成家。

## 炕柜儿 [kʰaŋ⁵³kuər⁵¹]

也叫"炕头柜儿"[kʰaŋ⁵¹tʰəu⁰kuər⁵¹]，是一种放在"炕梢儿"[kʰaŋ⁵³ʂaur³¹]炕尾，与炕头相对的柜子。贴墙而放，材质有红松木、水曲柳、花榆等。老式炕柜儿一般配有黄铜裸钉的合页、铜穗儿拉手。

2-55◆寺沟路

## 板儿箱 [peɐ²⁴ɕiaŋ³¹]

也有人叫"躺箱"[tʰaŋ²⁴ɕiaŋ³¹]，是用木板制成的一种长方体箱子。这种箱子多用来放置衣物或杂物等。

2-56◆会展路

## 大立柜 [ta⁵³li⁵³kuei⁵¹]

立式的大衣柜，用来存贮被褥和悬挂衣服。方角柜的柜顶一般没有柜帽，四角交接为直角，柜体上下垂直。

## 镜面儿柜儿 [tɕiŋ⁵³miɐr⁵³kuər⁵¹]

装有玻璃或玻璃镜子的立柜，具有美观、实用的特点。柜子里面可以露出漂亮的摆件，也可在里面装上布帘加以遮挡。

2-57◆会展路

2-58◆会展路

中国语言文化典藏

**高低柜儿** [kau²⁴ti³¹kuər⁵¹]

　　家庭常用的组合在一起、高低不一的柜子。

**酒柜儿** [tɕiəu²¹kuər⁵¹]

　　摆放酒的柜子。对于收藏酒或爱喝酒的人来说,家里一定少不了酒柜儿。

**梳妆台** [su³³tsuaŋ³¹tʰai²⁴]

　　指用来梳妆打扮的一种家具。一般由镜子、台面和若干抽屉等组成。

大
连

贰·日常用具

95

2-62 ◆会展路

2-63 ◆会展路

## 洗衣板儿 [ɕi²⁴i³¹pɚ²¹³]

也叫"搓衣板儿"[tsʰuə³³i³¹pɚ²¹³]，是用来搓洗衣服的木制长方形物件。上面有方便搓洗衣物的锯齿棱。随着洗衣机的普及，现在很多家庭都已经不用它了。

## 唱机 [tʂʰaŋ⁵³tɕi³¹]

留声机和电唱机的总称，是把碟片放在上面转动就可以播放音乐的机器。旅顺口区的留声机博物馆收藏着很多款式的老唱机。

## 拨盘儿电话 [pɤ³¹pʰɚ²⁴tian⁵³xua⁵¹]

通过机械式旋转拨号盘来打电话的老式电话机。由于拨号费时，卡盘回转不准易错号，需要经常维护调整。后来逐渐被按键式电话机取代。

## 电匣子 [tian⁵¹ɕia²⁴ə⁰]

也叫"收音机"[ʂou³³in³³tɕi³¹]。在没有电视机的年代它是最普及的家用电器。图2-69中大型的收音机较奢华，不是一般人家可以拥有的。小的收音机便宜又便携，普及率较高。当时年轻人结婚很时兴"三转一响"，一响指的就是会发声的收音机。

2-65 ◆会展路

2-66 ◆会展路

中国语言文化典藏

## 照相机 [tʂau⁵³ɕiaŋ⁵³tɕi³¹]

简称"相机" [ɕiaŋ⁵³tɕi³¹]，用来照相的工具。老式相机拍照要用相纸在暗房中冲洗才能得到照片。后来的相机使用的是胶卷，现在的数码相机用的是储存卡。

## 日历头儿 [zɿ⁵¹li⁰tʰəur²⁴]

也有人叫"皇历" [xuaŋ²⁴li⁰]、"月份牌儿" [y⁵³fən⁵¹pʰɚr²⁴]。指一天撕一页的日历，老年人一般喜欢用。爱吃海鲜的本地人，会在上面记上什么季节该吃哪种海鲜。

## 茶具 [tsʰa²⁴tɕy⁵¹]

喝茶时使用的器具，包括茶盘、茶壶、茶杯或茶碗、茶勺等。

大连

贰·日常用具

2-69◆金家街

2-70◆会展路

### 糖罐子 [tʰaŋ²⁴kuan⁵¹ə⁰]

放糖块的罐子，多由玻璃制成，一般为圆柱体、有盖。以前小孩儿会把舍不得吃的大虾酥、高粱饴等糖块攒在罐子里，没事儿拿出来看看，如数家珍。

### 茶缸 [tsʰa²⁴kaŋ³¹]

可以装热水或茶水、带把儿的杯子。搪瓷大茶缸还是几十年前的特殊纪念品，当时，不少单位作为奖品发给职工，上面常喷有字和图案。

### 水鳖子 [suei²⁴piɛ²¹ə⁰]

一种用塑料或搪瓷制成的取暖工具，形状有扁平形、椭圆形或方形的，灌入热水，冬天搂着或放在被窝里用来取暖。

2-72◆连华街

2-71◆会展路（季禾子提供）

### 暖壶 [nan²¹xu²⁴]

也叫"暖瓶"[nan²¹pʰiŋ²⁴]、"暖水瓶"[nan²⁴suei²¹pʰiŋ²⁴]、"热水瓶"[ie⁵¹suei²¹pʰiŋ²⁴]。这种盛装开水的容器主要由瓶塞、瓶胆和外壳三部分构成。是 20 世纪 50—60 年代结婚时的几大件之一。

中国语言文化典藏

2-74 ◆后石

## 烟袋 [ian³¹tai⁵¹]

也有人叫"烟袋锅子"[ian³¹tai⁵¹kuə³¹ə⁰]，一种抽旱烟的工具。前面是个小的金属锅，用于装填烟丝，中间是铁制或木制的烟杆，后面是烟嘴。有的烟杆上会悬挂着装有烟丝的小袋子。

2-73 ◆会展路

## 门帘儿 [mən²⁴liɐr²⁴]

门口挂的帘子，用来挡视线、挡风、挡蚊虫等。一般由竹子或棉布制成。大连冬天气温低，外屋和商场的大门上都要挂上厚厚的棉门帘。

## 菜篮子 [tsʰai⁵¹lan²⁴ə⁰]

藤条或柳条编的篮子。以前老人出门买菜会带一个菜篮子，方便、结实、空间大。现在农贸市场售卖鸡蛋、水果、蔬菜的还常用这种篮子。

2-75 ◆营升路

2-76 ◆横山寺

## 石槽儿 [ʂ̩²⁴tsʰaur²⁴]

用石头凿的饲养牲口用的长方形槽子，一般放在牲口棚圈里。具体可分为马槽、猪槽等。

"苞米面儿肚子，呢料儿裤子"道出了大连人对穿的重视，对穿的讲究。丰富的海产品让大连的姑娘、小伙儿们长腿细腰、身姿挺拔，个个都是衣服架子；冬无严寒、夏无酷暑的气候，让大连人一年四季能变着样儿穿。冬天雍容华贵的貂皮大衣，板正的料子裤儿、呢子大衣，春秋两季潇洒的夹克儿、风衣，夏季平整洁白的"挽ᵉ霞ᵉ子"[uan²¹ɕia²⁴ə⁰]衬衫、飘逸的"布拉吉"[pu⁵¹la⁰tɕi³¹]连衣裙，四季服饰、花样可劲儿变。

大连的早期市民保持着山东人的传统穿着，主要是棉布衣裤。受沿海港口开放城市、东西方文化的影响，大连人对服饰风格潮流的追求既有时代特征，又有多元文化的影响。新中国成立初期爱美的大连女性换下了传统旗袍，穿上了洋气时髦的"布拉ᵉ吉ᵉ"；中山装、列宁服儿成为当时干部和公职人员的标配；用于安全生产的工装、工作服搭配上平整的"挽ᵉ霞ᵉ子"也被穿出了时尚的味道。沈从文曾对大连人普遍衣冠整齐、爱美爱穿印象深刻，认为"大约是气候好，不上灰，不上衣有关系"。（光明网《50年前沈从文就感叹大连人爱美敢穿》2014年5月18日）

改革开放后，伴随着国民经济的腾飞、生活条件的改善、服装市场的涌现，大连人更加爱穿、敢穿，时尚新潮的穿衣风格日益凸显，形成了充满活力的多彩时装潮。从传统的唐装到各种新潮服饰，应有尽有。服饰的功能区分更加细化，如出席宴会的礼服、正式场合的西装、既能夏季游泳又能冬天泡温泉的泳衣，还有专门潜水到海底捡海货时穿的"碰参衣"[pʰəŋ⁵³sən³³i³¹]，各取所需。

中国语言文化典藏

3-1◆宏业街

## 棉袄 [mian²⁴au²¹³]

　　冬天穿的具有保暖作用的上衣。以前的棉袄多是手工做的、中间装有棉花，现在的棉袄多是机器缝制。棉袄有长式、中长式、短式之分，可以直接穿在外面，也可以穿在外套里面。

## 棉猴儿 [mian²⁴xəur²⁴]

　　棉袄的一种，帽子和上衣连为一体，是以前小孩儿常用的过冬棉衣。因穿在身上轮廓很像一只小猴子，故名棉猴儿。一说源自英语 cowl（斗篷）的音译，指带风帽的皮大衣或棉大衣。

3-2◆宏业街

3-3 ◆柳树南街

## 毛衣 [mau²⁴i³¹]

用毛线织成的保暖上衣。以前是女性手工用毛衣针一针一针编织成的，现在多是机器编织，花纹种类多样。

## 夹克儿 [tɕia²⁴kʰɤr⁰]

英文 jacket 的译音。多为短款上衣，翻领、对襟、有拉链，有皮质的，也有用较挺括的布料制成的，是一种适合春秋两季穿的外衣。

## 马甲儿 [ma²⁴tɕiar²¹³]

也有人叫"坎肩儿"[kʰan²⁴tɕier³¹]，一种无领无袖且较短的上衣，按填充材料可分为棉质、羽绒等。马甲儿既可保护前胸后背，又便于胳膊的活动，可套在里面，也可穿在外面。

3-5 ◆宏业街

3-4 ◆宏业街

3-6◆西山湖

## 皮尤儿 [pʰi²⁴iəur³¹]

即"PU"。一种不是用真皮制成又类似皮质的衣服。价格比真皮制作的要便宜。

## 毛裤 [mau²⁴kʰu⁵¹]

用毛线织成的冬天保暖的裤子。以前像毛衣一样多是自己手工一针一针编织出来的,现在多是机器编织,花纹种类多样。

3-8◆宏业街

3-7◆宏业街

## 挽霞子 [uan²¹ɕia²⁴ə⁰]

日语わいしゃつ的译音,专指衬衫,可搭配西装穿,也可单独穿。现在年轻人很少使用这个词。以前学校要求统一着装,都会让学生穿"白挽霞子"[pai²⁴uan²¹ɕia²⁴ə⁰]。

## 料子裤儿 [liau⁵¹ə⁰kʰur⁵¹]

羊毛、"哔叽"[pi⁵³tɕi³¹]密度比较小的斜纹的毛织品等为材质的裤子的统称。以前大多数人穿的裤子都是棉布的。料子裤儿更挺括,显得更有档次。

3-9◆宏业街

中国语言文化典藏

3-12 ◆红旗西路

## 唐装 [tʰaŋ²⁴tsuaŋ³¹]

多是现代中式服装，又叫新唐装，由马褂以西式剪裁方式改良得来，是传统工艺与现代工艺的结合。款式多为立领、对襟、盘扣，领口与衣服边缘用镶色料滚边，袖子是直袖或连袖。

## 汗溜儿 [xan⁵³lieur³¹]

也叫"背心儿" [pei⁵³ɕiər³¹]，指夏天男性常穿的无领无袖、只有两根肩带的套头上衣。一般是由吸汗的纯棉材质制成。

3-10 ◆宏业街

## 旗袍儿 [tɕʰi²⁴pʰaur²⁴]

现代旗袍是在清代、民国旗袍的基础上，加强了显现腰身线条的特点。一般是半开襟，立领盘纽，侧面开衩，单片衣料，收腰形式，无袖或短袖。旗袍能凸显温婉气质，深受大连女性喜爱。

3-11 ◆长江路（张雅琦提供）

中
国
语
言
文
化
典
藏

3-13 ◆红旗西路

## 呢子大衣 [n̠i²⁴ʻɔ⁰ta⁵³i³¹]

　　一种较厚实紧密、可以防风保暖的毛料大衣。面料为羊毛制成的呢子，挺括又不失柔软。呢子大衣多是长款，有的带扣子，有的系腰带，和风衣一样，是身材普遍高挑的大连女性喜爱的服饰。

3-14 ◆红旗西路

## 大氅 [ta⁵¹tʂʰaŋ²¹³]

一种对襟大袖、整体比较宽大的外衣。其中，用皮毛制作的皮大氅，款式一般没有布料的宽大，有较强的御寒功能。

3-15 ◆黄河路

## 布拉吉 [pu⁵¹la⁰tɕi³¹]

俄语платье的音译，指连衣裙。是上衣和裙子连在一起的服装，有翻领和腰带。布拉吉在20世纪50年代非常流行。尽管现在的连衣裙款式有了变化，但老大连人还用"布拉吉"来称连衣裙。

3-16 ◆柳树南街

## 中山装 [tsuŋ²⁴san³³tsuaŋ³¹]

以孙中山先生的名字命名的一种男装。一般多为改良款式，直翻领，有盖的四贴口袋，常见的有灰黑色、棕色、深蓝色等。中山装以前是干部服装，穿在身上显得庄重、大方。

3-17◆红旗西路

## 列宁服儿 [liε⁵¹n̠iŋ²⁴fur²⁴]

新中国成立初期颇为流行的女性干部服、职业装，以蓝、黑、灰、黄的单色调为主。外观是西服领、单排扣或双排扣、双襟，中下方均带一个暗斜的口袋，有腰带。

3-18◆宏业街

## 工装 [kuŋ²⁴tsuaŋ³¹]

一种既实用又时尚、用于安全生产的工人装或工作服，以蓝白灰三大色调为主。以前的工厂会定期给职工发放工装，配以手套、帽子、口罩等作为劳保用品。在服装款式比较单一的年代，当地人也能把各种工装穿得很时尚。

## 貂儿 [tiaur³¹]

也叫"裘儿皮"[tɕʰiəur²⁴pʰi²⁴]，用水貂皮等制成的皮衣。短款到腰间，长款可过膝，有连帽或立领等不同款式。貂儿不仅防风抗寒，而且显得雍容华贵，曾得到中老年女性的喜爱。近几年大众讲究环保，爱护动物，穿的人少了。

3-19◆红旗西路

中国语言文化典藏

3-20◆黄河路

## 卫生衣 [uei⁵³səŋ³³i³¹]

又称"卫衣"[uei⁵³i³¹]，不同于现在年轻人常说的卫衣，指的是一种保暖性很好的厚运动服。

## 灶衣 [tsau⁵³i³¹]

这种长围裙类似反穿的衣服，在背后领口和腰间处系带。一般是做饭、海边捡货、干活儿时穿的。材料多为棉布、无纺布、天然橡胶等，具有耐脏、隔热、防水的特点。

## 饭兜子 [fan⁵³təu³¹ə⁰]

与围嘴的功能相近，类似于反穿的上衣，在背后系带。一般是儿童、老人吃饭喝水时穿的，以免把里面的衣服弄脏。

3-21◆柳树南街

3-22◆水果新城

大连

叁·服饰

111

3-23◆獐子岛（张春雷摄）

## 碰参衣 [pʰəŋ⁵³sən³³i³¹]

也叫"潜水服儿"[tɕʰian²⁴suei²¹fur²⁴]，指"海碰子"[xai²¹pʰəŋ⁵¹ə⁰]（见图 5-69）潜水时穿的上下连体的衣服。这种衣服用橡胶制成，能包裹全身，可防止潜水时体温散失过快，同时也能在一定程度上防止海底礁石或有害动植物的伤害。

## 皮袯儿 [pʰi²⁴tsʰar²¹³]

也有人叫"水裤儿"[suei²¹kʰur⁵¹]、"油袯子"[iəu²⁴tsʰa²¹ə⁰]、"大袯子"[ta⁵¹tsʰa²¹ə⁰]，是用橡胶制成、样式类似背带裤的衣服。皮袯儿厚实防水，适合在捕鱼、养殖等劳作时穿着。但也因它密不透风，劳作后里面的衣服常常被汗水湿透。

3-24◆柏岚子

中国语言文化典藏

3-26 ◆西安路

## 渔夫帽儿 [y²⁴fu³¹maur⁵¹]

指渔夫戴的帽子，后变为一种普通人戴的帽檐宽大的防晒帽。夏季海边太阳比较毒辣，海风较大，戴上渔夫帽儿，可以起到很好的防护作用。

## 防晒帽儿 [faŋ²⁴sai⁵³maur⁵¹]

也称太阳帽儿，一般用布、草、塑料或特殊防晒材料等制成，具有防晒遮阳的功能，是男女老少常备的一种生活用品。

3-25 ◆龙王塘

3-28 ◆红旗西路

3-27 ◆宏业街

## 毛线帽儿 [mau²⁴ɕian⁵³maur⁵¹]

用毛线编织而成的帽子，花纹丰富多样，有的帽子顶端会有一个毛线球。

## 貂皮帽儿 [tiau³¹pʰi²⁴maur⁵¹]

皮帽的一种，用貂皮制成，具有很强的防寒功能，常和貂皮衣服一起配套戴。

## 头巾 [tʰəu²⁴tɕin³¹]

腈纶材质的正方形围巾，颜色比较鲜艳。戴的时候沿对角线对折，折线正中间位于头顶，两边系于下巴处，其他部分覆盖于头上。一般为女性在路边儿摆摊儿或在田间、海边等处劳作时戴，可防风、防晒、防尘。

## 老虎帽儿 [lau²⁴xu²¹maur⁵¹]

小孩儿戴的一种帽子，因帽子呈虎头模样，故称老虎帽儿。民间认为虎是一种吉祥的动物，帽子上绣制虎或虎头图案，有祝福孩子身体强壮、长命百岁之意。

中国语言文化典藏

3-29 ◆柳树南街

3-30 ◆东泉

3-31 ◆旅顺南路

## 披肩 [pʰi²⁴tɕian³¹]

用织物或毛皮制成的方形或长方形的无袖外衣，较宽大。以前大多在婚庆喜宴等社交场合穿戴。现在日常生活中也比较常见，在冬季起到保暖和装饰作用。

## 嘎达板儿 [ka³¹ta⁰pɚ²¹³]

即"木屐"[mu⁵³tɕi³¹]，是一种走起路来"嘎达"作响的木底鞋，适合在夏季雨天行走，现在常见于日本料理店。

3-32 ◆兴业街

3-33 ◆宏业街

## 板儿鞋 [pɚ²¹ɕiɛ²⁴]

老式的"板儿鞋"一般鞋面为黑色布料，鞋底是厚布或塑料制成的平底。现在年轻人把常穿的鞋底较硬的平底运动鞋也叫"板儿鞋"。

3-34 ◆黄河路

## 一脚蹬 [i⁵¹tɕyɛ²⁴təŋ³¹]

一种方便穿脱的鞋子。这种鞋没有拉链，也不用系带，脚背位置有两块对称的皮筋，形成松紧口，方便很快穿进去或脱下来。

115

3-35 ◆宏业街

## 老棉鞋 [lau²¹mian²⁴ɕiɛ²⁴]

老棉鞋的鞋底是棉布制成的千层底或软硬不同的胶底，鞋帮里面衬有棉花。最传统的棉鞋多是黑色绒面，有鞋帮是两片缝在一起、没有鞋带的；也有鞋帮、鞋舌头三片缝在一起、鞋带可一直系到脚踝的。现在纯手工制作的老棉鞋已经很少见了。

## 雨鞋 [y²¹ɕiɛ²⁴]

也叫"水鞋"[suei²¹ɕiɛ²⁴]，是橡胶制成的具有防水作用的鞋子。普通人在雨天常穿中、矮筒的雨鞋。海上捕捞、养殖以及滩涂作业需要穿高筒的雨鞋。赶海、钓鱼等休闲活动中也常穿。

3-37 ◆大黑石

3-36 ◆黄河路

## 老虎鞋 [lau²⁴xu²¹ɕiɛ²⁴]

又称"虎头鞋"[xu²¹tʰəu²⁴ɕiɛ²⁴]，是小孩儿穿的一种鞋。因鞋头呈虎头模样，故称虎头鞋。民间认为虎是一种吉祥的动物，在鞋前脸儿和鞋帮上绣制虎或虎头图案，用以驱鬼辟邪。

## 靴子 [ɕyɛ³¹ə⁰]

鞋帮子略呈筒状，高到脚踝以上的鞋，有短靴和长靴之分，多是皮质的。鞋筒超过膝盖的过膝靴，由于穿上显得双腿更加细长，故深受年轻女性的青睐。

3-38 ◆宏业街

中国语言文化典藏

3-39◆红旗西路

## 头卡子 [tʰəu²⁴tɕʰia³¹ə⁰]

原来主要指黑色的金属头卡子。现在一般指造型各异、具有装饰作用的夹子。

## 发箍儿 [fa²⁴kur³¹]

又叫"头箍儿" [tʰəu²⁴kur³¹]、"发卡子" [fa²⁴tɕʰia³¹ə⁰]。使用时把半圆圈的两边卡在耳朵后面,用于固定头发。发箍儿是儿童和成人常戴的一种发饰,上面常带有各种材料制成的形状不一的装饰。

## 耳包儿 [ɚ²⁴paur³¹]

冬天用来包裹耳朵、防止耳朵冻伤的保暖用品,兼有装饰作用,多为毛绒或皮质的。

3-40◆黄河路

3-41◆红旗西路

117

3-42 ◆柳树南街

3-44 ◆红旗西路

## 篦子 [pi⁵¹ɿ⁰]

用竹子制成的梳头用具，中间有梁儿，两侧有密齿。齿儿比普通梳子更密，以前主要是用来刮头皮屑和藏在头发里的虱子的。现在已经不用了。

## 项链儿 [ɕiaŋ⁵³lier⁵¹]

挂在脖子上的链条形状的饰物，老大连人也有叫"脖子链儿" [puə²⁴ɿ⁰lier⁵¹] 的。主要有珍珠项链、金项链、银项链等。

## 耳坠儿 [ɚ²¹tsuər⁵¹]

耳饰的一种，一般带有下垂的饰物。

3-43 ◆黄河路

中国语言文化典藏

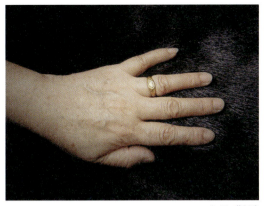

3-45◆黄河路

3-46◆黄河路（高欣提供）

## 镏儿 [liəur³¹]

就是戒指，主要指金戒指，又称"金镏儿" [tɕin²⁴liəur³¹]。有的表面光亮、没有花纹，有的有花纹或文字等。

## 手绢儿 [ʂəu²¹tɕyɐr⁵¹]

随身携带的方形小块织物，用来擦汗或擦鼻涕等。以前，小孩儿的手绢儿多用别针儿别在饭兜子上。现在很少用了，多被纸巾替代。

## 套袖子 [tʰau⁵³ɕiəu⁵¹ə⁰]

套在袖子上，具有防磨、防脏、防水功能的桶状套子。一般用橡胶或各种布料制成，两头或袖口有松紧带。在海上捕捞、养殖和各类市场劳作时常戴，在家里做饭、洗衣、打扫卫生时也可佩戴。

## 棉巴掌 [mian²⁴pa³¹tʂaŋ⁰]

用棉布做外皮，棉花套进里层，除大拇指以外一般不分手指的厚手套，比一般手套更保暖。有时人们会把一根带子缝在两只手套的底端，带子挂在脖子上，便于携带手套。

3-47◆宏业街

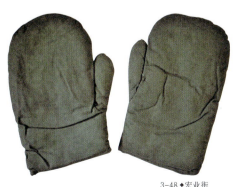

3-48◆宏业街

119

大连人把"吃"叫"逮━"[tai²¹³]，"逮━饭""逮━馒头""逮━海鲜"透着一股豪爽。大连三面环海，北纬 39 度的大海为当地的饮食提供了丰富的优质食材——海鲜。大连人对海味儿的喜爱犹如四川人之于麻、湖南人之于辣。既有海参、大对虾、鲍鱼、扇贝、加吉鱼、黄花鱼、渤海刀，也有"刺锅子"[tsʰ̩⁵³kuə³¹ə⁰]海胆、海虹、蚬子、海螺儿、海蛎子、赤甲红，还有海带、裙带菜、海麻线、"下锅烂"[ɕia⁵³kuə³¹lan⁵¹]一种海菜等。各种海鲜烹制的菜肴遍布各大宾馆、高档饭店、小吃街和寻常百姓的餐桌。

"蛤蜊鲜到嘴，扇贝鲜到心，下锅烂儿鲜到脚后跟。"大连人的舌尖对海鲜味儿有着高度的敏感，"逮━海鲜"讲究的是季节。"雪花蛎子，槐花蚬子"，跟着"海节气"一年"鲜"到底。3—5 月是吃梭鱼、虾爬子、刀鱼的好季节；6—8 月各种蚬子、蛏子、海带等充满了市场；9—11 月鲅鱼、飞蟹齐亮相；12 月到次年 2 月是被作为大连方言"海蛎子味儿"标识的海蛎子最肥美的季节。从冬至开始的九九八十一天，还是大连人吃海参"冬季进补"的时候。

大连与山东半岛隔海相望，大部分大连人往上数三代，都是"闯关东"的山东人。

中国语言文化典藏

伴随着"闯关东",胶东福山的厨子为大连饮食文化打上了浓重的底色,属于鲁菜系的胶东菜成为大连菜肴的基础,影响着大连菜肴的烹炸煎炒、蒸炜焖煮。在用料上,如烧海参用的是山东章丘的大葱,在烹饪方式上喜欢"走油"[tsəu²¹iəu²⁴]过油。随着时代的变迁,大连菜肴逐步形成了与鲁菜有所不同的"原汁原味、鲜嫩鲜咸"的味道特点。著名的大连老菜有海味儿全家福、红烧海参等,还有炒焖子、铁板鱿鱼、辣炒蚬子等街边小吃。炒焖子还升级为三鲜焖子,"下锅烂儿"也登上了大雅之堂。这些菜肴、小吃和大连方言一样,既有移民历史背景,又有鲜明的海洋特色。

背靠东三省,东北的饮食习惯和菜肴也对大连的饮食结构产生了一定的影响,如各种炖菜的做法,酸菜与海鲜的结合,容器大、装盘满的豪放;日韩俄的异域饮食元素对大连菜肴也有不同程度的渗透。

大连人的主食以面食为主,如各种馒头、饼子、包子,以米饭为辅。水果以本地盛产的苹果、樱桃、葡萄、梨、桃子、西瓜为主。

4-1◆红旗西路

**饽饽** [puə³¹puə⁰]

也称"馒头" [man²⁴tʰəu⁰]，是当地重要的主食之一，也是当地的年节食品，尤其在春节，衍生出花馒头、鱼馒头、枣馒头等。在为老人庆寿时，还有寿馒头，寓意祝福长寿。

4-2◆上海路

**花卷儿** [xua³¹tɕyer²¹³]

当地重要的主食之一。将发好的白面或白面、玉米面两掺面，按揉并擀成长条形面片，在面片上抹上油、椒盐或麻酱，撒上葱花等，卷成圆柱或圆锥等形状，放笼屉上蒸熟，就成了松软香咸的花卷儿。

**干饭** [kan³¹fan⁵¹]

即"米饭" [mi²¹fan⁵¹]、"白饭" [pai²⁴fan⁵¹]，指用大米加水蒸煮成的主食。常用"大米干饭" [ta⁵¹mi²¹kan³¹fan⁵¹] 来形容一个人能力差，也用来形容某事很平常。

4-3◆红旗西路

中国语言文化典藏

4-4 ◆红旗西路

## 二米饭 [ɚ⁵¹mi²¹fan⁵¹]

　　蒸米饭时在大米中加些小米,就成了兼有大米、小米营养的"二米饭"。

## 稀饭 [ɕi³¹fan⁵¹]

　　与"干饭"(见图4-3)相对,常用大米、小米、绿豆等熬煮而成。如当地的大米稀饭、小米稀饭、绿豆稀饭。稀饭比粥稀,做法简单。

4-5 ◆红旗西路

## 苞米糊涂 [pau³¹mi²¹xu²⁴tʰu⁰]

　　又称"苞米糊儿糊儿"[pau³¹mi²¹xuɚ²⁴xuɚ⁰]、"玉米面儿糊糊儿"[y⁵¹mi²¹mieɚ⁵¹xu²⁴xuɚ⁰]。即用玉米碴子或者玉米面粉熬制成浓稠香鲜的粥,常作为早晚餐食用。

4-6 ◆红旗西路

## 疙瘩汤 [ka³¹ta⁰tʰaŋ³¹]

　　也称"珍珠疙瘩汤"[tʂən²⁴tʂu³¹ka³¹ta⁰tʰaŋ³¹],材料主要是面粉、鸡蛋、青菜等。还有加入肉或海鲜做成的疙瘩汤。制作的关键步骤是用筷子把白面搅拌成小如珍珠的碎疙瘩,然后倒进水滚开的锅内。

4-7 ◆红旗西路

4-8 ◆宏业街

4-9 ◆上海路

## 片儿汤 [pʰiɐr⁵³tʰaŋ³¹]

也称"面皮儿"[mian⁵¹pʰiɐr²⁴]，以面片为主，青菜、肉末、鸡蛋为辅制成的咸面汤。口感滑软，汤鲜味香。"片儿汤"除了指饭食，还是一个贬义词，用来形容某人没有用。

## 芸豆蚬子面 [yn²⁴təu⁵¹ɕian²¹ə⁰mian⁵¹]

是从山东打卤面演变而来的大连人百吃不腻的面条。此面将芸豆的菜鲜和蚬子的海鲜汇集在一起，美味诱人。

## 烀饼子 [xu³¹piŋ²¹ə⁰]

饼子有玉米面、小米面和高粱面的。玉米面饼子又称"苞米饼子"[pau³¹mi²¹piŋ²¹ə⁰]。烀饼子做法特别，不用煎不用摊，而是把调好的饼面拍成手掌大小，围贴在装有炖菜或炖鱼的铁锅边上烀一圈，挨着铁锅的一面就会被烤得焦黄酥脆，形成"饼子饹儿"[piŋ²¹ə⁰kɤr⁰]。"饼子"一词还用来形容人能力差。

## 菜饼子 [tsʰai⁵¹piŋ²¹ə⁰]

做饼子时，添加各类蔬菜碎做馅儿，烙制而成。它是日常生活中常见的主食之一。海麻线等海菜馅儿的菜饼子很受当地人的欢迎。

中国语言文化典藏

4-10 ◆上海路

4-11 ◆滨海西路

4-12 ◆宏业街

4-13 ◆上海路

## 油饼 [iəu²⁴piŋ²¹³]

又称"山东油饼"[san²⁴tuŋ³¹iəu²⁴piŋ²¹³]，是一种用面粉、水、油等食材制成的面食。口感筋道，可做炒饼，也可夹着肉片、菜丝等其他食材一起吃。

## 煎饼 [tɕian³¹piŋ⁰]

多用玉米面、白面和水调成的稀面糊制作而成。烙成的煎饼薄如纸张，方便折叠，口感筋道，可以卷菜、卷肉、卷大葱吃。

## 大糖鼓火烧儿 [ta⁵¹tʰaŋ²⁴ku²¹³xuə²¹ʂaur⁰]

也叫"大糖鼓火勺儿"[ta⁵¹tʰaŋ²⁴ku²¹³xuə²¹ʂaur⁰]，是有百年传承历史的小吃。个头大如盘，外皮焦黄，沾满芝麻，里面贴着一层薄薄的糖馅，酥脆香甜。因为中间夹糖的缘故，上下面皮在炉火烘烤烙制的过程中鼓起，形成空心鼓状。

## 火烧儿 [xuə²¹ʂaur²⁴]

一种烤烙的面食。有把发面剂子搓成条盘起来压扁制成的盘央火烧，有将油酥和面剂子反复折叠交叉烤制成的叉子火烧，还有糖发面火烧、两面光火烧等。

4-14 ◆宏业街

4-15 ◆旅顺口区水师营

## 杠头 [kaŋ⁵¹tʰəu²⁴]

也称"杠子头"[kaŋ⁵¹ə⁰tʰəu²⁴]，属于一种戗面火烧，面很硬，用杠子压制而成。"杠头"也可形容人性格倔强。

4-17◆上海路

## 包子 [pau³¹ə⁰]

当地最受欢迎的主食之一，用面皮包馅儿，捏成圆形、柳叶形等。根据做法可分为发面包子和死面包子。根据馅儿料的不同分为海菜包子、萝卜丝虾皮儿包子、白菜包子、芸豆包子等。

4-16◆上海路

## 饺子 [tɕiau²¹ə⁰]

也被从山东移民到大连的老辈人叫作"馉子"[ku³¹ə⁰]，是特色主食，也是年节食品。当地饺子馅儿主要有三鲜、鲅鱼、海肠、海胆、海参、鲍鱼等。皮薄馅嫩，味道鲜美。饺子汤，也有叫"馉子汤"[ku³¹ə⁰tʰaŋ³¹]的。

4-20◆西南路

中国语言文化典藏

## 豆包儿 [təu⁵³paur³¹]

用红豆制成馅的包子。如果制作馅料时将红小豆的豆皮去掉，就成了口感更好的豆沙包儿。如果豆包内还有一层黏米面，就是黏豆包儿。

## 水煎包儿 [suei²¹tɕian²⁴paur³¹]

也称"煎包儿"[tɕian²⁴paur³¹]。在面皮上加入馅儿料，捏成饺子状，放入平底锅内，煎焖少许时间，上下形成薄薄的黄色面饹儿，出锅即可。口感脆而不硬，香而不腻。

## 韭菜合子 [tɕiəu²¹tsʰai⁵¹xɤ²⁴ə⁰]

一般选新鲜韭菜、海米和鸡蛋为主要馅料，包上面皮，烙熟。表皮金黄酥脆，里面韭菜色泽翠嫩，味道鲜美，营养丰富。

## 锅贴儿 [kuə³¹tʰiɐr²¹³]

用面皮包上肉馅或菜馅做成的美食。锅贴儿的两头不捏合，可以看出中间的馅，放在平底锅里加少量的油和水烙熟，出锅前撒入水淀粉，形成蜂窝状脆底。皮焦馅嫩，色泽金黄。大连的王麻子锅贴最有名。

## 黄米烙儿 [xuaŋ²⁴mi²¹laur⁵¹]

指用小米、黄米蒸熟后，加入面粉、白糖等再进行煎制的面食。外表呈金黄色，外皮酥脆，内部香软，略带甜味。

4-24 ◆西安路

4-23 ◆上海路

## 么叽 [muə⁵¹tɕi⁰]

名称源自日语おもち，是类似于年糕的食品。一般中间裹有豆沙馅或枣蓉，外面是糯米面或黄豆面，吃起来细滑软糯。

## 油条 [iəu²⁴tʰiau²⁴]

长条形中空的油炸食品，松脆有韧劲。多为早餐，和豆浆搭配食用。

4-25 ◆上海路

中国语言文化典藏

4-26 ◆上海路

## 发糕 [fa²⁴kau³¹]

以黄米面等为主要材料发面，蒸熟，膨松饱满，清香甜润。

## 桃酥 [tʰau²⁴su³¹]

一种传统点心。主要成分是面粉、鸡蛋、油酥等。口感酥脆、甜香。

4-28 ◆西安路

4-27 ◆黄河路

## 槐花儿饼 [xuai²⁴xuar³¹piŋ²¹³]

五月槐花盛开的时候，可用槐花和面粉为主料做成"槐花儿饼"，味道清香。槐花饼是具有大连特色的伴手礼。

## 沙琪玛 [sa³¹tɕʰi²⁴ma²¹³]

名称来自满语，是一种有传统特色的甜味糕点。将面或米条炸熟后，用糖和蜂蜜混合切成小方块。色泽金黄，口感酥松绵软，香甜可口。

4-30 ◆西安路

4-29 ◆西安路

## 香草饼干 [ɕiaŋ³¹tsʰau²¹³piŋ²⁴kan³¹]

也叫"香草大方饼干" [ɕiaŋ³¹tsʰau²¹³ta⁵³faŋ³¹piŋ²⁴kan³¹]，形状呈长方形，用鸡蛋、黄油烘焙而成，味道醇香松软。是大连的传统老式饼干。

4-33 ◆上海路

## 麻球儿 [ma²⁴tɕʰiəur²⁴]

主要材料是糯米粉和面粉，揉搓成团，在外层滚一层芝麻，放油锅里煎炸，至金黄色捞起。

## 江米条儿 [tɕiaŋ³¹mi²¹tʰiaur²⁴]

一种口感甜脆、深受儿童喜爱的传统点心。将糯米面加豆粉混合蒸熟，再加工成长圆条，晒干后用油煎，最后撒上糖浆或砂糖。

4-34 ◆西安路

中国语言文化典藏

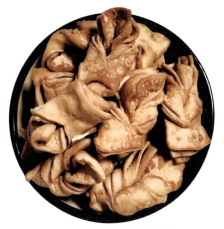

4-31◆红旗西路

## 锅箅子 [kuə³¹piᵓ⁵¹ə⁰]

一种油炸食品。把发面做成扁圆形的饼坯，中间用刀划开几个口子，因形状像蒸锅中的箅子而得名。常作为早餐食用。

4-32◆红旗西路

## 套环儿 [tʰau⁵¹xuɐr²⁴]

过年必吃的油炸食品。将擀好的面皮切成菱形片，并在每片的中间竖着切个口子。将两个菱形面片通过中间的切口套在一起。全部套好后，放进油锅里炸至金黄即可。

## 窝窝头儿 [uə³¹uə⁰tʰəur²⁴]

也称"窝头儿"[uə³¹tʰəur²⁴]，主要由玉米面制成，蒸熟后呈金黄色。窝窝头儿的外形是上小下大中间空，呈圆锥状，底部有凹进去的窝儿。过去它是穷苦人的主食，现在是粗粮细作的绿色健康食品。

## 虾片儿 [ɕia³¹pʰiɐr⁵¹]

用虾汁和淀粉制作而成的一种休闲食品。色泽半透明，表面光亮，大小厚薄均匀。虾片儿经油炸后，口感酥脆，有虾的鲜味。

4-35◆星台街

4-36◆上海路

4-37◆柳树南街

## 豆腐皮儿 [təu⁵¹fu⁰pʰiər²⁴]

用豆类做的一种食品，也有人叫"千张"[tɕʰian²⁴tʂaŋ³¹]。压制而成的豆腐皮儿，很薄，但比"油豆皮儿"[iəu²⁴təu⁵¹pʰiər²⁴]（见图4-39）厚、稍干，口感比豆腐硬。常用于涮火锅、拌凉菜。

4-38◆上海路

## 豆腐泡儿 [təu⁵¹fu⁰pʰaur⁵¹]

把豆腐切成小块儿，油炸而成的食品。色泽金黄，中间多是空心，外酥里嫩。常在涮火锅时食用。

4-40◆解放路

## 梨＝膏＝[li²⁴kau³¹]

就是"糖葫芦儿"。当地秋冬季节常见的街边小摊零食，主要用山楂串成，蘸上的麦芽糖稀冷却后会变脆，吃起来酸甜可口。除了山楂，还有用山药、草莓、橘子、葡萄等串成的。

中国语言文化典藏

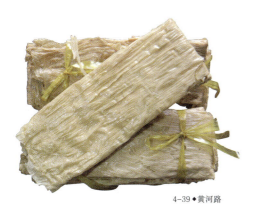

4-39◆黄河路

## 油豆皮儿 [iəu²⁴təu⁵¹pʰiər²⁴]

    大豆磨浆烧煮后凝结在表层的豆制品。皮薄透明，表面光滑呈淡黄色，柔软不黏腻，风味独特，是一种高蛋白低脂肪的营养食品。当地人大多喜欢在吃火锅、米线时食用。

4-41◆西安路

## 大虾酥 [ta⁵³ɕia²⁴su³¹]

    又叫"虾糖"[ɕia³¹tʰan²⁴]，因外形像虾而得名。糖皮酥薄，糖馅柔软香甜，颇受小孩儿的欢迎，也是具有大连特色的伴手礼。

## 啤酒 [pʰi²⁴tɕiəu²¹³]

    以小麦芽和大麦芽为主要原料，加啤酒花液态发酵酿制而成。当地啤酒品牌主要有凯龙、棒棰岛、黑狮等。大连人对啤酒的喜爱和足球一样，啤酒节是不能错过的节日。

4-42◆丹东街

大连

肆·饮食

4-43 ◆东泉

4-44 ◆宏业街

## 油茶 [iəu²⁴tsʰa²⁴]

特色传统小吃中的滋补佳品。把面粉放入锅内炒到颜色发黄，麻仁炒至焦黄，加入桂花和牛骨髓油，拌搓均匀后放在碗内，加白糖，用开水冲成糊状。油茶味道香甜，可作为早餐食用。

## 小烧儿 [ɕiau²⁴ʂaur³¹]

也称"烧酒"[ʂau³¹tɕiəu²¹³]，指的是当地的烧锅酒，即用蒸馏法制成的酒。酒精含量较高，引火能燃烧，味道辛辣浓烈。

4-47 ◆黄河路

## 黄桃儿罐头 [xuaŋ²⁴tʰaur²⁴kuan⁵¹tʰəu⁰]

由大连盛产的大黄桃做成的糖水罐头。夏天放入冰箱冷藏后，味道更好。本地有生病了吃黄桃儿罐头的习俗，认为病会好得快；也有过生日时送黄桃儿罐头的习俗。当地卖的品牌主要有头牌、真心和林家铺子等。

中国语言文化典藏

## 鱼罐头 [y²⁴kuan⁵¹tʰəu⁰]

以新鲜或冷冻的鱼为原材料，加工处理后装入罐中密封而成的即食食品。茄汁鱼罐头、红烧鱼罐头、香酥鱼罐头等是大连常见的鱼罐头。

4-48 ◆中山路

4-45◆柳树南街

## 芝麻糊儿 [tsʅ³¹ma⁰xur²⁴]

以黑芝麻为主要原料，并加入其他五谷杂粮，磨制成粉，食用时用水调制成糊状。色泽黑亮，口感润滑醇香，营养丰富，是当地老少皆宜的食品。

## 大麦茶 [ta⁵³mai⁵¹tsʰa²⁴]

民间广泛流传的传统饮料。大麦茶是将大麦炒制后再经过沸煮而成，有一股浓郁的焦麦香。此茶具有开胃助消化、去油减脂的作用。大连的一些餐馆常给客人在上菜前提供大麦茶。

4-46◆星台街

## 虾酱 [ɕia³¹tɕiaŋ⁵¹]

将红帽儿虾等剁碎加入盐发酵后做成的酱类食品。味道很咸，常用来炒菜、拌饭或作为蘸酱食用。一些餐馆也开发出以"虾怪"[ɕia³¹kuai⁵¹] 一种寄居蟹等为材料的虾酱。

4-50◆上海路

4-49◆上海路

## 脆皮豆儿 [tsʰuei⁵¹pʰi²⁴təur⁵¹]

将花生和面粉混合炸制而成的零食。

大连 ｜ 肆·饮食

135

4-51◆上海路

## 海味儿全家福 [xai²¹uər⁵¹tɕʰyan²⁴tɕia³¹fu²⁴]

包括大虾、干贝、墨鱼、海参、鲍鱼等。海味儿全家福通过汇聚大连的特色海鲜，寓意全家的团圆，是大连人节假日尤其是春节必不可少的一道重要美食。

4-52◆滨海西路

## 糖醋黄花儿鱼 [tʰaŋ²⁴tsʰu⁵¹xuaŋ²⁴xuar³¹y²⁴]

一道大连老菜。在大黄花鱼身上斜切几刀，用盐涂匀鱼身内外，拍上干淀粉，放入足量油，将鱼浸入油中炸至身硬捞起，待油再滚，将鱼翻炸，使鱼整体呈向上翻卷的形态，然后捞起上盘。锅里留余油少许，放各种佐料，用湿粉打芡，淋在鱼面上即成。

## 红烧海参 [xuŋ²⁴ʂau³¹xai²⁴sən³¹]

大连第一名菜，也是经典的大连老菜。大连海参以肉厚刺多、营养丰富闻名。海参虽营养丰富，但平淡无味，常选择红烧的方法，用香菇、肉末和生抽提鲜，使色泽口味都得到提升。

4-53◆丹东街

中国语言文化典藏

4-54◆黄河路

## 家焖鸦片鱼 [tɕia²⁴mən³¹ia²⁴pʰian⁵¹y²⁴]

鸦片鱼的营养价值很高，可以补虚益气。用普通家焖的方法烹调，简单而且能保持鱼肉的鲜嫩洁白。

## 爆大虾 [kʰau⁵³ta⁵³ɕia³¹]

一道大连老菜。大虾处理好后放入油锅煎炸至微红捞出，再将葱姜蒜放入锅中，加少许料酒、醋、番茄酱和糖，爆到汤汁浓稠后，将大虾摆盘，浇上汤汁，即可食用。这道菜由西餐改良而来，西餐配料多使用奶油，中餐多使用糖。

4-56◆垦台街

## 老板儿鱼炖豆腐 [lau²⁴pɚ²¹y²⁴tən⁵³təu⁵¹fu⁰]

一道很受欢迎的家常菜。老板儿鱼，学名叫孔鳐，刺很少，中间只有一条大骨，其他部分的刺像软骨一样不扎人。豆腐和老板儿鱼一起炖，在营养上可取长补短，在口感上也互为补充。

4-55◆上海路

4-57◆上海路

## 蒜蓉粉丝虾夷贝 [san⁵¹zuŋ²⁴fən²⁴sʅ³¹ɕia³¹i²⁴pei⁵¹]

以蒜蓉、粉丝搭配扇贝蒸制而成。出锅后淋上些许热油，味道更佳。

## 熘虾仁儿 [liəu⁵³ɕia³¹iər²⁴]

一道大连老菜。熘过的新鲜虾仁儿肉质细嫩，入口爽滑，容易消化，老少皆宜。

4-59◆上海路

## 熘鱼片儿 [liəu³¹y²⁴pʰiɐr⁵¹]

一道大连老菜。整道菜形美片薄，鱼片色泽洁白，吃起来鲜嫩滑爽，令人回味无穷。此菜最主要的是刀要锋利，否则容易把鱼片片碎。

4-58◆滨海西路

4-62◆滨海西路

## 韭菜炒鱿鱼 [tɕiəu²¹tsʰai⁵¹tsʰau²¹iəu²⁴y²⁴]

一道大连家常菜，是将韭菜和鱿鱼倒入锅中进行翻炒而成的菜肴。韭菜虽是配菜，但由于其独特的香气为菜肴增鲜提香。

## 软炸虾仁儿 [yan²¹tsa²⁴ɕia³¹iər²⁴]

一道大连老菜。软炸是一种颇受欢迎的做法。虾仁儿用鸡蛋和面粉、干淀粉混合包裹，经过油炸，外表脆软，呈淡金黄色，内里鲜嫩，色香味俱全。

4-63◆上海路

中国语言文化典藏

4-60◆天津街

4-61◆上海路

## 三鲜焖子 [san²⁴ɕian³¹mən³¹ə⁰]

一道广受欢迎的地方特色菜。焖子的主要成分是地瓜淀粉。"炒焖子"[tʂʰau²⁴mən³¹ə⁰]（见图4-60）是很受欢迎的一种街边小吃，将焖子煎炒结了"嘎"[ka²⁴]焖子外皮比较硬的一层，配上芝麻酱、葱花、香菜、蒜汁等调制，口感极佳。后来饭馆将虾仁、螺片、扇贝等海鲜和焖子结合起来烹制，形成了三鲜焖子（见图4-61）。

## 炸蛎黄 [tsa²⁴li⁵¹xuaŋ²⁴]

一道大连家常菜。将整个海蛎子裹面煎炸的叫"炸海蛎子"[tsa²⁴xai²¹li⁵¹ə⁰]，将海蛎子外围一圈去掉仅保留蛎黄，再裹面煎炸的叫炸蛎黄。

4-64◆上海路

## 炸黄花儿鱼 [tsa²⁴xuaŋ²⁴xuar³¹y²⁴]

一道大连家常菜。制作原料主要有小黄花鱼、面粉、花椒粉、白胡椒粉等，做法简单，将小黄花鱼腌好裹面炸熟即可。黄花鱼分大小两种。炸黄花儿鱼一般选用小黄花鱼，大黄花鱼一般做成糖醋黄花儿鱼（见图4-53）。

4-65◆上海路

## 五香鲅鱼 [u²⁴ɕian³¹pa⁵¹y²⁴]

一道大连家常菜。经过熏制的五香口味的鲅鱼，色泽暗红，鱼肉嫩鲜。

4-67 ◆宏业街

4-66 ◆丹东街

## 咸鱼饼子 [ɕian²⁴y²⁴piŋ²¹ɚ⁰]

一道大连家常菜。原本是当地农家和渔民的饭食，制作简单，劳作或出海时便于携带保存，后来就变成了当地的特色菜。新鲜的海鱼用盐腌过，晒干后放在铁锅里，搁少许油，煎得外焦里嫩，和玉米面饼子一起吃，形成绝配。

## 石锅海胆豆腐 [ʂ̩²⁴kuə³¹xai²⁴tan²¹təu⁵¹fu⁰]

一道大连特色菜。海胆，大连话又叫"刺锅子"[tsʰ̩⁵³kuə³¹ɚ⁰]。海胆可以生吃，还可以和鲜嫩的豆腐一起炖，成为颇受欢迎的石锅海胆豆腐。刚上桌的豆腐与海胆在沸腾的汤汁中微微颤动，十分诱人。

4-69 ◆兰青街

## 煮海螺儿 [tʂu²⁴xai²¹luɚ²⁴]

大连家常菜。煮过的海螺肉鲜美有嚼劲。可根据个人口味蘸酱油或芥末食用。

4-70 ◆上海路

中国语言文化典藏

4-68◆迎宾路

**煮鲍鱼** [tʂu²¹pau⁵¹y²⁴]

　　一道节日常吃的菜肴。煮，也叫"烀"，作为大连海鲜的家常做法，能够保留海鲜的营养成分和鲜味儿。

**氽鱼丸子** [tsʰuan³¹y²⁴uan²⁴ə⁰]

　　一道由鱼肉、肥膘、鸡蛋清等做成的美食。新鲜的鱼丸保持着鱼肉本身的营养，比鱼肉更有韧性。其中鲅鱼丸最具代表性。

4-71◆上海路

**下锅烂儿豆腐海蛎子羹** [ɕia⁵³kuə³¹lɚ⁵¹təu⁵¹fu⁰xai²¹li⁵¹ə⁰kəŋ³¹]

　　一道味道鲜美、质地嫩滑的家常汤品。"下锅烂儿"是一种海菜，在寒冷的秋冬季节会长满海边的礁石，因极易煮熟而得名，主要用于煮汤。

4-72◆上海路

### 拌假鲍鱼 [pan⁵¹tɕia²¹pau⁵¹y²⁴]

也称"拌螺鲍儿"[pan⁵¹luə²⁴paur⁵¹]，是一道经济实惠的家常菜。假鲍鱼是一种口感类似于鲍鱼的海螺。制作时先将螺肉煮熟后，择去内脏，之后用准备好的捞汁进行浇汁。

4-73 ◆丹东街

### 铁板儿鱿鱼 [tʰiɛ²⁴per²¹iəu³¹y²⁴]

当地代表性的街边小吃，将鱿鱼须或整条鱿鱼放在铁板上进行煎烤。煎烤期间要手拿一块厚重的铁板按压鱿鱼，将其中的水分压干口感更好，色泽也更漂亮。出锅前根据不同人的口味，撒上辣椒粉、胡椒粉等。

4-76 ◆天津街

中国语言文化典藏

### 海凉粉儿 [xai²¹liaŋ²⁴fər²¹³]

夏天很好的一道开胃凉菜。用生长在海底礁石上的牛毛菜晒干后上锅熬7至8个小时，过滤晾凉后挠成条形，就成了晶莹透亮浅绿色的海凉粉儿。用稀释的麻酱、蒜汁、米醋等拌匀，吃起来比绿豆、地瓜凉粉更爽嫩。

4-75◆马栏南街

4-74◆上海路

### 白菜拌海蜇皮儿 [pai²⁴tsʰai⁵¹pan⁵¹xai²¹tʂɤ²⁴pʰiər⁰]

一道广受欢迎的家常菜。秋冬季海蜇皮与大白菜心是绝配。拌海蜇的汁多种多样，有麻酱汁、白醋、大蒜汁、香菜，还有加糖的。

### 软炸里脊 [yan²¹tsa²⁴li²⁴tɕi²¹³]

大连百年传承第一菜，主要由猪里脊肉和鸡蛋油炸烹制而成。

### 樱桃肉 [iŋ³¹tʰau⁰iəu⁵¹]

指的是用猪里脊肉制成的大连老菜。因形状、色泽像樱桃而得名。此菜的所有肉丁都裹满浓汁，味道酸甜，深受孩子的喜爱。

4-77◆上海路

4-78◆上海路

4-79 ◆滨海西路

4-80 ◆吉庆街

## 熘肝尖儿 [liəu³¹kan²⁴tɕiɚ³¹]

一道常见的下酒菜，咸鲜可口。制作过程中最重要的是大火、快速翻炒，否则会影响肝片的嫩度和口感。

## 四云楼烧鸡 [sɿ⁵¹yn²⁴ləu²⁴ʂau²⁴tɕi³¹]

大连饮食的老字号之一。此鸡在选料和前期制作上跟传统烧鸡相近，特色是烧过后再烤制。烤制前，在鸡肚子里塞上一段葱白、一块整姜还有数枚香菇。出炉的烤鸡既有烤制的酥香，又有烧制的细腻。从前，大连人去看望长辈，都要买上一只四云楼烧鸡。

## 虾干儿 [ɕia²⁴kɚ³¹]

新鲜大虾煮熟后晒干就成为虾干儿。小虾晒出来的为虾皮或虾米。虾干儿过去是渔民捕捞到大量新鲜虾后短期内吃不完、也卖不完，就将其晒干保存起来。如今制成的虾干儿主要是为了便于储存、方便携带。

## 鱼干儿 [y²⁴kɚ³¹]

指各类鱼经过晾晒而制成的食品，常用来熬汤或加工成休闲食品。真正好吃的鱼干儿必须是刮北风时在岸上晒的，要避开潮湿闷热的天气。当地有吃鱼就吃"冬春两头干"的说法。

中国语言文化典藏

4-82 ◆宏业街

4-81 ◆兰青街

## 萝卜干儿 [luə²⁴puə⁰kɐr³¹]

　　一种常见的晒干菜。"晒秋" [sai⁵¹tɕʰiəu⁰] 是一年当中不可少的活动。到了秋天，房前屋后院子里晒满了萝卜、豆角、茄子等，还有大大小小的鱼。其中萝卜干儿最普遍，有切成条状的，有切成连刀片的。

## 渍酸菜 [tɕi⁵³san³¹tsʰai⁵¹]

　　初冬时节腌制大白菜使其发酵的过程。酸菜是东北地区的一种家常菜，以前每到初冬家家户户都要渍酸菜。大连虽然不普遍，但酸菜和大连的海鲜搭配形成各种美味，最常见的如酸菜炖海蛎子。

大
连
─
肆·饮食

　　大连市区真正的农业活动很少，郊区主要以果木蔬菜种植为主，故方言中与农业相关的词语相对较少。本章保留的农事类图片，基本拍自大连的北部和附近农村。

　　与农事相比，大连方言中与渔事相关的词语很丰富。如用各种小舢板儿、钢壳船在海洋牧场穿梭，进行养殖和捕捞；休渔时节忙于织网、用传统的手工"艌船"[n.ian²¹tsʰuan²⁴]修补木船；海碰子穿着专门的碰参衣潜到海底捞海货儿；还有各种专门用具。

　　当地著名的传统手工艺主要有庄河剪纸、漆雕葫芦、核雕、捏面人儿等，均为国家或省市级非物质文化遗产。大连贝雕更以技艺精湛享誉中外。

　　大连工业经历了洋务运动、日俄侵占时期、解放战争时期、新中国成立以来几个时期，拥有丰富的工业遗产。

　　"先有旅顺，后有大连"。旅顺是北洋水师的摇篮，至今依然在使用的旅顺大坞，它是大连最早出现的工业，从北洋铁甲到航母舰队，见证了中国近代新式海军的创建，也见证了百年前的屈辱和今天的崛起。

　　大连从一个小渔村到现代都市，开埠建市，以港兴市，大连港推动了大机器工业时代的发展。大连船舶工业为新中国的诞生、发展、壮大做出了巨大贡献。被称作中国"海军舰艇的摇篮"，承载了中国造船的光荣与梦想，创造了中国造船工业70多个第一。

　　被誉为"中国机车的摇篮"的大连老机车与城市同龄，其经历曲折而又辉煌。被称作"大木笼子"[ta⁵³mu⁵¹luŋ²⁴ə⁰]的老电车既是一种交通工具，又是城市多元文化和发展历史的载体，"哐当""哐当"鸣奏了一百多年的晨曲暮歌……

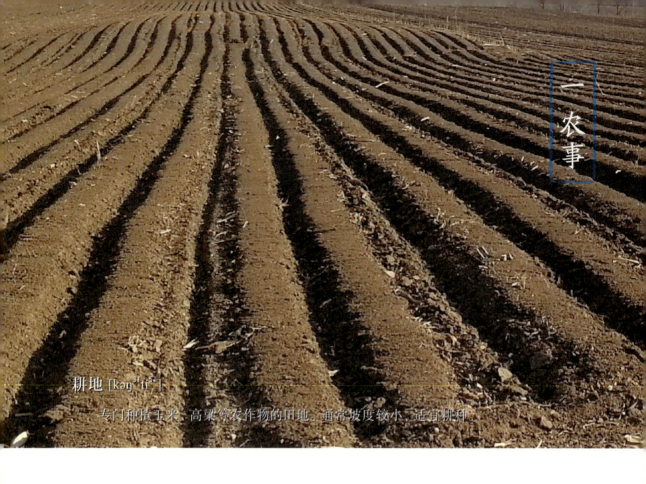

**耕地** [kəŋ³¹tɕi²⁴]

专门种植玉米、高粱等农作物的田地。通常坡度较小，适宜耕种。

## 坡儿地 [pʰuər³¹ti⁵¹]

有一定坡度的田地。大连丘陵分布较广，各种坡儿地较多。成片的坡儿地和整理成近似梯田的坡儿地，常种植樱桃、苹果、梨、桃子、葡萄等果树。

5-2 ◆金虹西路

中国语言文化典藏

5-1 ◆二十里堡

5-3 ◆鞠家上沟

## 旱田 [xan⁵¹tʰian²⁴]

　　土地表面不蓄水的耕地。大连的旱田土壤较肥沃，一般种植耐旱的作物，如谷子、地瓜、玉米、土豆等。

## 水泡子 [ʂuei²⁴pʰau³¹ɚ⁰]

　　指的是大一些的水坑、水洼，积水常用于灌溉附近的农田。

5-4 ◆红旗西路

大连 ｜ 伍·农工百艺

5-5 ◆金虹西路

## 扣大棚 [kʰəu⁵³ta⁵¹pʰəŋ²⁴]

指利用大棚种植蔬菜、水果。以前交通运输不便，因为当地季节气候的原因，冬季很少能吃到新鲜果蔬。现在可以给农作物搭建大棚，在大棚内种植蔬菜、水果，可保证冬季的果蔬供应。

## 抠地豆子 [kʰəu³¹ti⁵³təu⁵¹ə⁰]

用锄头、铁锹等农具把田地里的土豆挖出来。"地豆子" [ti⁵³təu⁵¹ə⁰] 土豆是当地人不可少的蔬菜。

## 搓苞米儿 [tsʰuə³¹pau³¹miər²¹³]

剥玉米粒儿。到了秋收季节，玉米熟了，就要到地里掰玉米。一般是连苞掰，运回家放到"苞米楼子" [pau³¹mi⁰ləu²⁴ə⁰]（见图1-78）里，等到干透了再搓玉米粒儿。现在不少农户用机器代替人工完成。

5-7 ◆旅顺北路

5-8 ◆旅顺北路

中国语言文化典藏

5-6◆旅顺北路

## 抠垄儿 [kʰəu³¹lũr²¹³]

又称"打垄儿" [ta²⁴lũr²¹³]。指在播种前，在田地或菜园子抠出均匀的"垄沟" [luŋ²⁴kəu³¹]、"垄台" [luŋ²¹tʰai²⁴]。

## 果园儿 [kuə²¹ɣɐr²⁴]

也被从山东移民大连的老辈人叫"果木岚子" [kuə²¹mu⁵¹lan²⁴ə⁰]。大连地处沿海丘陵地带，具有得天独厚的地理位置和气候条件。这里盛产苹果、黄桃、葡萄等水果，更是我国为数不多的大樱桃栽培适宜区。

## 稀花儿 [çi²⁴xuar³¹]

指在春天果树开花儿的时节，果农把果树枝条上盛开的一部分花儿掐掉，以保证光照充足、营养充分、果大均匀。

5-10◆郭家沟

5-9◆金虹西路

5-11◆庄河（《最美大连行》摄制组提供）

## 放蚕 [faŋ⁵¹tsʰan²⁴]

指放养"柞蚕" [tsuə⁵¹tsʰan²⁴]野蚕的活动。辽南地区是我国重要的柞蚕生长基地，放蚕一般是一季两播，春季把蚕卵放到纸袋里，秋季则将卵播种到牛皮纸上，撕成条挂到柞树上，一般放养50天即可结茧。

## 放羊 [faŋ⁵¹iaŋ²⁴]

指到有草的地方放牧羊群。大连周边还有养羊的农户。所产的羊奶、羊肉很受欢迎。

5-14◆旅顺北路

## 镢头 [tɕyɛ²¹tʰəu⁰]

一种刨土工具。镢把儿多为木质，另一端是扁长形铁板，边缘较薄。镢把儿和头部角度略小于直角，方便深入下刨。俗语说的"一镢头挖一口井"是指做事急于求成。

## 锄头 [tsʰu²⁴tʰəu⁰]

一种除草、"抠垄儿"(见图5-6)的工具。锄柄为木质，分长柄和短柄两种。头部一端是扇形或梯形的铁片。手柄和铁头角度略小于直角，方便锄草和疏松土壤。

5-15◆旅顺北路

中国语言文化典藏

5-12 ◆二道沟　　　　　　　　　　　　　　　　　　5-13 ◆东泉

### 拉磨 [la³¹mɤ⁵¹]

用驴等牲畜拉动石磨盘，把粮食、豆子等磨成粉、磨成浆等。现在这种劳作基本上被机器代替了。一些民俗村保留的这一项目，带有表演性质。

5-16 ◆旅顺北路

### 镐头 [kau²¹tʰəu⁰]

也有人叫"洋镐" [iaŋ²⁴kau²¹³]，铁质部分两头尖，是一种常用于刨土的工具。

5-17 ◆旅顺北路

### 耙子 [pʰa²⁴ə⁰]

用来归拢或散开农作物或杂草的一种工具。由一段木质手柄和铁质耙头组成，耙头呈齿状。根据其具体用途可分为搂草耙子、搂院耙子等；也可根据其外形分为三齿耙、四齿耙、多齿耙等。

155

5-18 ◆旅顺北路

**铁锨** [tʰiɛ²⁴ɕian³¹]

一种用来铲沙、铲土的工具。在渔船上还可用来铲鱼虾、铲蚬子等。

**簸箕** [pɤ⁵¹tɕʰi⁰]

指用藤条或柳条编成的扬米去糠的工具，也可用于盛放物品或晒制物品。呈圆角的正方形或长方形，三面围起，一面开口。使用时利用惯性，通过上下颠簸使粮食与杂物分离。

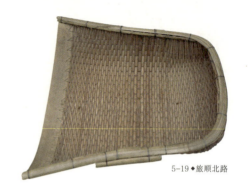

5-19 ◆旅顺北路

**独轮儿车** [tu²⁴lər²⁴tʂʰɤ³¹]

也叫"单轮儿车" [tan³¹lər²⁴tʂʰɤ³¹]，是以人力推动的小型运载工具，属于手推车儿的一种。只有一个轮子，不容易掌握平衡。以前在农田、果园中经常使用。

5-20 ◆寺沟路

中国语言文化典藏

## 马车 [ma²⁴tʂʰɤ³¹]

用马拉的大车，多为木质，由车辕子、车板子和车轱辘组成。在没有机动车的年代，马车是重要的运输和交通工具。车把式挥着鞭子赶大车是个技术活儿。现在只能在民俗园等游览场所看到它。

## 驴车 [ly²⁴tʂʰɤ³¹]

用毛驴拉动的车子，可以拉货，亦可以载人，在农村比较常见。车身一般为木质，有两个橡胶轮子。

大连
伍·农工百艺

## 石磨 [ʂʅ²⁴mɤ⁵¹]

也叫磨盘。由两个粗糙的扁圆柱形石块组成的碾磨工具。将米、麦、豆子等置于中间，由人力或畜力转动上层石块碾磨，以去皮或磨粉、磨浆。用石磨碾磨过的豆子做成豆腐、豆浆口感好。一些农家乐、民俗村还保留着这些用具。

5-23◆金龙寺

## 碾子 [ȵian²¹ʂ⁰]

与石磨类似，指将稻子、谷子等农作物脱壳或磨成粉状的工具。区别是碾子不能加水磨浆，主要用于碾碎或磨粉。

5-24◆寺沟路

中国语言文化典藏

5-25 ◆寺沟路

**辘轳儿** [lu⁵¹lur⁰]

一种从井中取水的装置。架在井上，轴上系有绳子，摇转手柄，使水桶一起一落，把水从井底打出。

**石磙** [ʂʅ²⁴kuən²¹³]

一种给农作物脱粒的农具，过去常见于打谷场。一般是用大青石做成，呈圆柱体，两头有磙眼。使用时套上特制的木架子，由牛等牲畜拉动，碾压谷物脱粒。现在一般都使用农机来完成。石磙失去了实用价值，在一些旅游景点成为观赏的物件。

5-26 ◆横山寺

**石臼** [ʂʅ²⁴tɕiəu⁵¹]

用石头做的舂米器具。通过砸、捣，给农作物脱皮、脱壳。小石臼一般在家中用于研磨药材或食品等。

5-27 ◆横山寺

5-28 ◆虹城路

## 贝雕 [pei⁵³tiau³¹]

　　既指这种手工技艺，也指用贝壳等制作的工艺品。大连是我国贝雕的发源地。贝雕工匠善于运用贝壳等的颜色和潜伏色雕成各种贝雕画，作品曾在国际博览会上展出并获大奖。以前年轻人结婚时，能买一幅贝雕画挂在家里是很"展扬"[tṣan²¹iaŋ²⁴]特别自豪的事。图 5-28 是

著名贝雕《九龙壁》。这件大型立体贝雕作品，长 6 米，宽 0.65 米，高 1.7 米，是亚太手工艺大师金阿山根据北京北海公园的《九龙壁》设计，巧用采自世界各地的贝壳历经四年完成。图 5-29 是《百鸟争艳》的局部。该作品是长 4 米、宽 0.6 米、高 3.2 米的大屏风，包括孔雀、锦鸡、仙鹤等形象，用鲍鱼壳、珍珠贝、红口螺等制成。上述两作品和《龙凤船》等都收藏在金阿山艺术馆。

中国语言文化典藏

5-29 ◆虹城路

## 庄河剪纸 [tsuaŋ³¹xɤ²⁴tɕian²⁴tsɿ²¹³]

剪纸是用剪刀或刻刀在纸上剪刻镂空花纹的一种民间艺术。通常用红纸剪刻出民间故事传说和过年过节的喜庆图案，粘贴于门窗。图5-30中的韩月琴是国家级非物质文化遗产庄河剪纸的代表性传承人，曾获全国民间艺术最高奖"山花奖"。

5-30 ◆中山路（韩月琴提供）

## 黑陶 [xei²¹tʰau²⁴]

利用诞生于新石器时代的中国制陶技艺制作的工艺品。大连是黑陶文化的故乡之一，历史可以追溯到四千多年前，对于研究中国文明的起源具有重要的价值。黑陶与大连贝雕相结合的新工艺，让传统的黑陶工艺焕发出了新的活力。图5-32展示的是万里长城的秋景。各色贝壳经过精心打磨和组合在黑陶的背景映衬下十分醒目。

## 布老虎 [pu⁵¹lau²⁴xu²¹³]

属于民间传统手工布艺，兼顾赏玩和实用。布老虎指用彩色布缝制、棉花填充的老虎形状的玩具，寄予了家长希望孩子平安吉祥、强壮勇敢的美好愿望。各种布艺饰品运用比喻、谐音等手法，多表现祈福纳祥的主题。

5-32 ◆红旗西路

5-31 ◆尚英路

大连　伍·农工百艺

161

5-33◆香一街(李惠娣提供)

## 辽南刺绣 [liau²⁴nan²⁴tsʰ⳿⁵³ɕiəu⁵¹]

　　是源于山东的手工技艺，闯关东的妇女将其带到辽南，已有百余年历史。其制作过程复杂：先用铅笔勾勒图案，附纸用手工电笔刺版，再用染料印蓝，用绷子固定绣制。抽纱是辽南刺绣的主要表现手法。绣品镂空精致，色调素白，有一种静谧的奢华。

## 核儿雕 [xɤr²⁴tiau³¹]

　　一种民间传统微型雕刻工艺，以桃核、杏核、橄榄核等果核及核桃雕刻成的工艺品。已被列入第二批国家级非物质文化遗产名录。

5-34◆香一街(卢令提供)

5-36◆香一街(大连非遗保护中心提供)

## 萨满轧染 [sa⁵¹man²¹³ia⁵¹ian²¹³]

　　满族家族传承的民族手工纺织品染色与绘画技艺，已经有150多年的历史。内容多以动植物为主，寓意吉祥如意。"萨满轧染"具有鲜明的民族特点和独特的艺术风格。

中国语言文化典藏

5-35 ◆横山寺　　　　　　　　　　　　　　　　　　5-37 ◆青三街

## 漆雕葫芦儿 [tɕʰi²⁴tiau³¹xu²⁴lur⁰]

用雕刻、镂空、绘画、电烙、镶嵌等表现手法，在葫芦原有美感的基础上，进行艺术创作形成的艺术品。"葫芦"的谐音为"福禄"，被当地百姓视为辟邪之物。

## 捏面人儿 [niɛ³¹mian⁵¹iər²⁴]

也叫"泥人面塑"[ni²⁴in²⁴mian⁵³su⁵¹]、"捏泥人儿"[niɛ³¹ni²⁴iər²⁴]。是以面粉、糯米粉为主要原料，再加上颜料、石蜡等成分，制成柔软的各色面团。捏面艺人经过捏、搓、揉、掀，用小竹刀点、切、刻、划，塑成各种栩栩如生的戏剧人物和飞禽走兽等。

## 吹糖人儿 [tsʰuei³¹tʰaŋ²⁴iər²⁴]

用黄米和麦芽熬制的糖稀，通过揉、捏、拉、摁、吹，制作成一个个栩栩如生的小动物等。它是从前民间艺人走街串巷和在集市、庙会上的小本买卖，现为非物质文化遗产之一。

5-38 ◆青三街

163

5-40◆会展路

5-39◆西安路

## 烫画儿 [tʰaŋ⁵³xuar⁵¹]

也叫"烙铁画儿"[lau⁵¹tʰie²¹xuar⁵¹]。用火烧热烙铁在葫芦、木板等物体上熨出烙痕作画，具有较强的立体感，酷似棕色素描和石版画。20世纪80年代多用于家具装饰（见图5-40）。

## 沙雕 [sa²⁴tiau³¹]

一种融雕塑、绘画、建筑、体育、娱乐于一体的艺术活动。把沙子堆积并凝固起来，然后雕琢成各种各样的造型以供人观赏。每年金石滩会举办沙雕节，吸引很多人来创作或观看。

5-42◆金石滩

中国语言文化典藏

## 贝壳儿挂件儿 [pei⁵¹kʰɤr²⁴kua⁵³tɕiɐr⁵¹]

　　景点常见的有海洋特色的小礼品。在贝壳上打孔串起，做成风铃等挂件儿或摆件儿，也可在贝壳上添加一些彩绘图案以增加美感。

## 缝纫机 [fəŋ²⁴in⁵³tɕi³¹]

　　靠手脚配合、把一层或多层布料缝合起来的机器。大连本地产的前进牌缝纫机是过去家庭的几大件之一。

## 裁缝铺儿 [tsʰai²⁴fəŋ²⁴pʰur⁵¹]

　　指专门缝制、修补衣服的铺子。现在单独的裁缝铺很少见了，在二七广场、机车商厦等还有集中租赁的柜台，可以量体裁衣。

5-45◆宏业街

5-47◆红旗西路

**针线笸箩儿** [tʂən³¹ɕian⁵¹pʰɤ²¹luər⁰]

主要用来装手工缝制衣物所用的工具的盛器。通常装有针线、顶针儿、锥子、缠线板、裁缝尺、划粉等。

**扞裤脚儿** [tɕʰian³¹kʰu⁵¹tɕiaur²¹³]

也有人叫"抻裤脚儿" [tʂʰən³¹kʰu⁵¹tɕiaur²¹³]。即将裤脚儿多余的部分剪掉或折进去,再缝好。现在卖服装的商场一般都有扞裤脚儿的地方,工具齐全。买裤子,试穿一下,如果长了,就去扞改一下,不用再拿回家自己改了。

**烙铁** [lau⁵¹tʰiɛ⁰]

即民间老式简易的熨斗。熨烫衣物时,先把烙铁放在火上烤热,或者灌上热水,在衣物上铺一层湿布,再用烙铁隔着湿布将衣物的褶皱熨烫平整。现在都用电熨斗或蒸汽熨斗。

**做袄子** [tsuə⁵¹au²¹ə⁰]

指用针线手工缝制棉衣。在物质生活不富裕的年代,自家手工缝制衣装很普遍,春夏秋冬、从头到脚各种穿戴,都靠妇女的巧手缝出。

5-46◆会展路

5-48◆红旗西路

中国语言文化典藏

## 铰头 [tɕiau²¹tʰəu²⁴]

也叫"剪头"[tɕian²¹tʰəu²⁴]，即理发。从事这一工作的人被称为"铰头的"[tɕiau²¹tʰəu²⁴ə⁰]或理发师。过去铰头常在路边或公园等户外场所，如今在室内的发廊和工作室。

## 磨刀 [mɤ²⁴tau³¹]

将刀放在铛刀上或磨刀石上打磨。以前有专门磨刀的师傅，将一张固定有磨刀石的长条凳扛在肩上，走街串巷，喊着"磨剪子嘞，戗菜刀"，人们在家中听到吆喝，需要磨刀剪的就会叫师傅来家里磨。

大连·伍·农工百艺

5-51◆会展路

5-52◆黄河路

## 爆米花儿 [pau⁵¹mi²⁴xuar³¹]

指的是把玉米粒、糖等一起放进爆米花炉子（见图5-51），加热加压做成爆米花儿的制作过程，也指爆好的米花儿。以前，在秋冬季节，听见爆米花炉子一声声的轰响，闻到爆米花儿的香甜味，不用喊，孩子们就用小盆大碗端出玉米粒儿去排队了。现在很难再看到爆米花儿炉子了。

## 豆腐坊 [təu⁵¹fu⁰faŋ²⁴]

制作豆腐的作坊。以前，做豆腐的人用小石磨碾磨大豆，磨出的浆细腻，不发热，口感香滑。豆腐是小本经营，场地不大，通常，豆腐坊既是工厂、门市，又是坊主一家居住和生活的地方。现在民俗村把做豆腐作为传统手工制作来演示。

## 早市儿 [tsau²¹sər⁵¹]

只在早上或上午摆放售卖蔬菜、水果、海鲜等的市场。

## 地摊儿 [ti⁵³tʰer³¹]

指商贩在相对平坦的马路边或街道两侧简单摆放售卖的物品。物品大多价格便宜，质量参差不齐。人们经常在傍晚"摆地摊儿"[pai²¹ti⁵³tʰer³¹]和"逛地摊儿"[kuaŋ⁵³ti⁵³tʰer³¹]。

5-56◆东泉

## 老粮油店 [lau²¹liaŋ²⁴iəu²⁴tian⁵¹]

指的是过去卖粮油的商店。有一些老粮油店、商店也叫合作社，通常被简化说成"合社" [xɤ²⁴ʂɤ⁵¹]，存在于 20 世纪计划经济时代。现在民俗村有模拟展示的老店。

## 杆儿秤 [kɐr²¹tʂʰəŋ⁵¹]

由用木制的带有秤星的秤杆、金属秤锤、提纽、称钩儿等组成。以前在菜市场和收废品处经常使用。

## 托盘儿秤 [tʰuə³¹pʰɐr²⁴tʂʰəŋ⁵¹]

带托盘的秤，有杠杆和电子秤两种。常见于各种市场。

5-59◆会展路

5-60◆星台街

中国语言文化典藏

5-57 ◆马栏南街

5-58 ◆天津街

## 海鲜市场 [xai²⁴ɕian³¹sʅ⁵¹tʂʰaŋ²¹³]

集中售卖海鲜的市场。大的市场常沿海岸而建，例如旅顺海鲜市场和大连湾水产批发市场，也有建在热闹的商业街区的，如长兴市场。小的海鲜市场在居民聚居区很常见。

## 海鲜大排档 [xai²⁴ɕian³¹ta⁵¹pʰai²⁴taŋ⁵¹]

指售卖各种海鲜小吃的摊位聚集在一起的小吃街。每一个摊点都在最显眼的地方竖着锅灶或烤炉，灶台旁摆放着琳琅满目的海产品和调料。摊位大多朝向大街，各种生鲜和点菜、制作都一目了然。

## 小卖部儿 [ɕiau²¹mai⁵³puɻ⁵¹]

贩卖食品、烟酒等日常生活用品的小型店铺，也称为"小卖店儿"[ɕiau²¹mai⁵³tiɚ⁵¹]、"小铺儿"[ɕiau²¹pʰuɻ⁵¹]。这种小店铺常见于居民小区。

5-59 ◆新华街

5-62◆星台街

5-64◆金马路

**杂货铺儿** [tsa²⁴xuə⁵³pʰur⁵¹]

　　贩卖日常生活起居用具等物品的店铺。东西种类丰富、繁杂。

**金店儿** [tɕin³¹tiɐr⁵¹]

　　出售金制品或进行金制品换新、翻新的店铺。

**步行街** [pu⁵¹ɕiŋ²⁴tɕiɛ³¹]

　　指在交通便利的城市中心区域设置的行人专用街道，一般为繁华的商业街区。例如大连天津街，始建于 1909 年，历史悠久，是大连商业的发祥地，也是老大连的中心。

5-63◆天津街

中国语言文化典藏

5-65 ◆大黑石

### 舷船 [n̠ian²¹tsʰuan²⁴]

指的是利用传统手工修补木船的技术。木船船体是由一块块木板拼接而成的。木板与木板间的缝隙需要用生白灰加桐油和成油腻子<sub>油灰</sub>，再掺和丝麻来填充。填充可以起到结实牢固和密封防水的作用。会"舷船"的人叫"舷匠" [n̠ian²¹tɕian⁵¹]。

5-66 ◆柏岚子

### 织网 [tʂʅ²⁴uaŋ²¹³]

用渔线、梭子等工具织补渔网。

5-67◆大黑石

5-68◆獐子岛（《最美大连行》摄制组提供）

**下笼** [ɕia⁵¹luŋ²⁴]

把下有饵料的"虾笼"[ɕia³¹luŋ²⁴]、"蟹笼"[ɕiɛ⁵¹luŋ²⁴]放到水里。

**上网** [ʂaŋ⁵¹uaŋ²¹³]

将捕到海产品的渔网捞到渔船上来。现在多使用机械操作。

**收海带** [ʂəu³¹xai²¹tai⁵¹]

收海带时一般用铁质弯钩伸入水中将海带拖到收割船上，再用刀将海带割下，几根捆成一捆，横搭在船上。上岸后吊起晒制、碰盐。大连旅顺海域产的海带叶宽体长，肥厚味鲜，质量最佳。每年的4月中旬到7月中旬是收获季节，场面非常壮观。

5-70◆旅顺口区铁山街道（《最美大连行》摄制组提供）

5-72◆柏岚子

5-69◆獐子岛（张春雷摄）

## 围网捕捞 [uei²⁴uaŋ²¹pu²⁴lau³¹]

海洋渔业常用的捕捞方式，以长带形或一囊两翼形网具包围鱼群进行捕捞的方式。

## 捞海蜇 [lau³¹xai²¹tʂɤ²⁴]

即捕捞海蜇。渔船要在潮水最满时开到捕捞海蜇的地点，等待落潮时拦住随着潮水涌来的海蜇。大连附近海域的海蜇品质好，产量高，经过加工，便成为餐桌上的地方美食。

## 海碰子 [xai²¹pʰəŋ⁵¹ə⁰]

"碰海"[pʰəŋ⁵¹xai²¹³]是指潜入海中捕捞海产品，从事这一艰辛危险行业的人被称为"海碰子"。海碰子是近海的捕捞高手。他们身怀绝技，性格粗犷彪悍，全凭一口气潜到水底捡鲍鱼、海参等。大连作家邓刚写的小说《迷人的海》，让很多人知道了这群"将生命抛进浪涛里碰大运"的人。现在碰海有成套的"碰参衣"[pʰəŋ⁵³sən³³i³¹]（见图3-23）和氧气设备。

5-71◆柏岚子

5-73 ◆塔河湾

## 海洋牧场 [xai²¹iaŋ²⁴mu⁵¹tʂʰaŋ²¹³]

指利用自然的海洋生态环境，将人工放流的经济海洋生物聚集起来，对鱼、虾、贝、藻等海洋资源进行有计划、有目的的海水养殖。海洋牧场风景优美，有些对游人开放，既可以观赏美景，又可以体验海水养殖并吃到最新鲜的海鲜。

中国语言文化典藏

5-76 ◆塔河湾

## 晒鱼干儿 [sai⁵¹y²⁴kɐr³¹]

指秋冬时节在海滩的阴凉处将捕捞的鱼及时晾干。当地人也会在家里自己晒鱼干儿。将活鱼掏出内脏，洗净，撒上盐，压上石头，让鱼肉充分吸收盐分，然后再晾晒。

5-75◆柳树南街

## 抠蚬子 [kʰəu³¹ɕian²¹ə⁰]

就是把蚬子肉从蚬子壳里剥离出来。抠出来的蚬子肉多用于煲汤、包饺子等。

5-74◆马栏广场

## 括海鲜 [kʰuə⁵¹xai²⁴ɕian³¹]

指用小刀或尖刀把大蛤、海蛎子等贝类的壳撬开，剜出其肉用于做菜、包饺子、煮面条等。常见的括海鲜有扒扇贝丁、括海蛎子等。

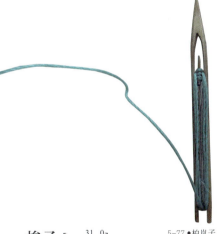

## 梭子 [suə³¹ə⁰]

5-77◆柏岚子

手工织补渔网的工具。有木头的、塑料的和金属制成的。形状有两头尖中间粗的，也有一头尖的。现在有专门织渔网的机器，梭子主要用于修补渔网。大连海域有一种鱼因外形像梭子而叫"梭子鱼"[suə³¹ə⁰y²⁴]。

## 赶海耙子 [kan²¹xai²¹pʰa²⁴ə⁰]

赶海时用来在海滩或礁石上抠海鲜的带齿工具。

5-78◆夏家河子

5-79 ◆大黑石

5-81 ◆柏岚子

## 篙挽 [kau³¹uan²¹³]

指在长木棍的一端套上一个铁制的钩子，便于将水中的根绳儿或渔网捞起。

## 底笼儿 [ti²¹lũr²⁴]

一种放在浅水区海底的笼子，用于捕捞浅水区的鱼虾蟹等。

## 蛋石 [tan⁵¹ʂʅ²⁴]

指的是表面相对光滑的椭圆形石头。把一个个蛋石装在网兜里，然后缝在渔网上，有助于渔网下沉。

## 根绳儿 [kən³¹ʂə̃r²⁴]

指的是一端可以穿在橛子中，另一端绑在渔网上，用来固定渔网的绳子。

5-80 ◆柏岚子

5-82 ◆柏岚子

中国语言文化典藏

5-83 ◆柏岚子

## 铁筐 [tʰiɛ²⁴kʰuaŋ³¹]

钢筋铁棍制作的无盖的正方体筐，里面缝有渔网，可以防止鱼虾蟹等漏出。一般在渔船捕捞上岸时，用于从渔船上往岸上搬运鱼虾，也可用于称量海蜇等。

5-84 ◆大黑石

## 鱼筛 [y²⁴sai³¹]

用来装海产品的筛子，有孔可以漏水。一般是塑料的无盖长方体，也有圆形的鱼筛。

## 大漂儿 [ta⁵³pʰiaur³¹]

一般为白色的圆柱体，装在网兜里，用绳子绑在渔网上，有助于渔网在海面上浮起来。当地常称使用"大漂儿"的打鱼类型为"浮流"[fu²⁴liəu²⁴]。此外，常用的鱼漂还有"小漂儿"[ɕiau²⁴pʰiaur³¹]、"四耳漂儿"[sʅ⁵¹ə⁻²⁴pʰiaur³¹]等。

## 铁坛 [tʰiɛ²¹tʰan²⁴]

铁制的空心浮漂，中间是圆柱形，两端是锥形，两头有可以穿过绳子的圆孔。作用类似于"大漂儿"（见图5-84），可以帮助渔网漂浮在海面。

5-86 ◆柏岚子

5-85 ◆柏岚子

5-87◆旅顺南路

5-88◆金石滩

## 大漂筏儿 [ta⁵³pʰiau³¹far²⁴]

用铁焊成的无盖长方体框架、四周及底部用大漂圈成的水上简易交通工具。常用于养殖区域。

## 小舢板儿 [ɕiau²⁴san³¹per²¹³]

一种船身是木制或铁皮制的小型船只，从事沿海养殖的几乎每家都有。因形体小，这种船也被称作"小脚子"[ɕiau²⁴tɕiau²¹ə⁰]。如果船体是钢铁的，又叫"钢壳船"[kaŋ³¹kʰɤ²⁴tʂʰuan²⁴]。

## 锚 [mau²⁴]

指船锚，一种停船用具。一端用铁链或根绳固定在船上，另一端为倒钩状的爪形，抛到水底或岸上，使船停稳。根据爪的数量，有单爪锚、两爪锚和多爪锚之分。锚除了有停船功能，在一些景区和展览馆还成为游览观赏的标志。

## 锚桩 [mau²⁴tsuaŋ³¹]

主要用于固定船只，由圆形管桩与吊耳构成。在锚桩的下方有插入孔，孔的末端为锥形，能使船只快速、牢靠地固定在岸边水中。在大连的大小港口、码头都站立着大大小小的锚桩。

中国语言文化典藏

5-89◆会展路

5-90◆旅顺口区黄河路

5-92◆疏港路（朱宪民摄）

## 造船 [tsau⁵¹tsʰuan²⁴]

　　是大连工业的主要代表。大连的造船集团前身是大连造船厂，始建于1898年，在发展过程中创造了中国造船业70多个第一。同时，大连也是中国海军舰艇的摇篮，中国第一艘航母"辽宁舰"和首艘国产航母"山东舰"都诞生在这里。

## 盐场 [ian²⁴tʂʰaŋ²¹³]

　　指的是海边晒制盐的场地或单位。盐，是百味之首，不仅可以作为调味品，在民间还有祈福的作用。大连盐化集团有限公司，原名大连复州湾盐场，始建于1848年，占地140余平方公里，是久负盛名的全国四大海盐场之一。

5-91◆复州湾（张春雷摄）

5-93 ◆疏港路（朱宪民摄）

## 吊 [tiau⁵¹]

也叫"大吊" [ta⁵³tiau⁵¹]、"塔吊" [tʰa²¹tiau⁵¹]，即起重机。在大连的港口和一些重工业企业，各种吊车林立，很是壮观。大连有中国历史最早、规模最大、技术先进的起重机器厂，享有"中国起重机摇篮"的美誉。

5-94 ◆会展路

## 老机车 [lau²¹tɕi²⁴tʂʰɤ³¹]

指各种老式的机车。大连机车厂是中国机车的摇篮，始建于 1899 年，生产制造了包括"毛泽东号""周恩来号"在内的全国 60% 以上的机车。它经历了制造蒸汽机车、内燃机车、电力机车等发展阶段，并多次进行大规模改造，现已搬迁，结束了百余年的工厂制，重组为大公司，留下一批弥足珍贵的工业遗产。

中国语言文化典藏

5-95◆长江路

## 老电车 [lau²¹tian⁵³tʂʰɤ³¹]

即有轨电车。大连著名的老电车是 201 路，至今仍在运营，途经火车站和百年老街东关街等地。老电车在大连已经不仅是交通工具，还是老大连百余年的历史见证。

## 挎斗儿摩托 [kʰua⁵¹təur²¹mɤ²⁴tʰuə⁰]

摩托车的一种，在两轮摩托车的一侧装有边车的摩托车，也叫"偏斗儿摩托" [pʰian³¹təur²¹mɤ²⁴tʰuə⁰]。以前用于公安、交通等领域。

5-96◆会展路

陆·日常活动

  大连人喜欢慢节奏的生活。早上起床，很多老人都会到公园、广场去晨练。晨练之后吃早饭，上午看报纸、晒太阳、摆弄花草，下午在家看电视节目儿或者到街上下棋。如果天气适宜，晚饭后还会出门逛夜市儿、遛弯儿。周末的时候，会去市里逛街，或者在家收拾家务；有些人还会一早到早市儿采购，备齐下一周的瓜果蔬菜；更常见的，是父母带着孩子去看望长辈。美好的日常，平淡的幸福，简单又质朴。

  大连人有着丰富多彩的娱乐活动，如节假日去海边木栈道徒步，到城郊周边爬山，到附近各处泡温泉。

  足球是很多人茶余饭后的主要话题。大连人个个儿都是球迷。经常从父辈口中听到曾经的大连足球队是多么厉害，对那个年代的人来说，足球就是他们的精神食粮。男士们对童年的回忆，也常常是放学后抱起足球与小伙伴儿去操场上踢到天黑。

中国语言文化典藏

　　"打滚子"[ta²⁴kuən²¹ə⁰]打扑克是大连人娱乐活动的重头戏。街头巷尾：公园里，只要能凑够人手，一定会厮杀上几回。大家争吵着、笑闹着，旁边看热闹的人跟着起哄，这些都成为大连一景。电视台还专门开了个打滚子竞技的节目，叫"步步为赢"。

　　每年夏天，本地人基本都会"上海"[ʂaŋ⁵¹xai²¹³]去海边游泳等"洗海澡儿"。海滩上的帐篷、太阳伞各式各样，色彩斑斓。大家在海里游泳、打闹、嬉笑，溅起朵朵浪花。冬天，当地人喜欢滑雪、滑冰，还能看见冬泳爱好者不畏严寒，享受锻炼的乐趣。孩子们的娱乐活动很多，不少游戏都通过钉杠锤（即石头、剪子、布）来决定先后次序。遗憾的是，随着时代发展，一些娱乐方式正在逐渐消失。

　　在长期的劳动实践中，渔民对大海充满了敬畏与崇拜。渔民出海时讲究祭神，祈求海神娘娘保佑，希望一帆风顺，能有大收获。这不仅寄托了渔家人心中的良好愿望，也表达了对美好生活的热切向往。逢年过节，本地人也会去周边寺庙祈福。

6-1 ◆青泥洼商业街

## 上街 [ʂaŋ⁵³tɕiɛ³¹]

指去街里玩儿、散步，也指去附近的商场、集市等店铺闲逛或采购东西。

## 画画儿 [xua⁵³xuar⁵¹]

除了指一般的绘画活动外，还指在星海广场等景点为游客画肖像画的活动，也指在旅顺太阳沟等处专业的和业余的美术爱好者对老房子、老街的绘画活动。

## 晨练 [tʂʰən²⁴lian⁵¹]

指居民早晨起床后出去锻炼。包括跑步、练剑、打太极等。公园、广场是人们晨练的好去处。

中国语言文化典藏

6-3 ◆太阳沟

6-4 ◆中山公园

6-2 ◆劳动公园

## 遛弯儿 [liəu⁵³uɐr³¹]

即散步，也叫"溜达"[liəu³¹ta⁰]。当地人一般早上或者晚饭后喜欢遛弯儿，去附近的公园或海边是最佳选择。

## 养花儿 [iaŋ²⁴xuar³¹]

当地的一种休闲方式。爱好养花儿的居民在房前屋后、阳台等处种上花花草草，既美化了环境，也愉悦了身心。

## 练字儿 [lian⁵³tsər⁵¹]

一种修身养性的方式。很多中老年人都会买上笔墨纸砚，在家练习写毛笔字，等逢年过节亲手写上几副对联和福字儿。也有老人在公园里用大毛笔蘸水练字儿。

6-5 ◆太阳沟

6-6 ◆中山公园

### 宏济大舞台 [xuŋ²⁴tɕi⁵¹ta⁵¹u²¹tʰai²⁴]

旧址建于 1911 年，2010 年复建为钢筋水泥结构的西欧风格的建筑。这里曾是大连市最热闹的去处，旧名"天福茶园""保善茶园"等，后改建名为宏济大舞台。现在隶属于大连京剧院，是其主要演出场所。

## 看节目儿 [kʰan⁵¹tɕie²⁴mur⁰]

当地人的一种休闲方式。可以指在家里看电视，也可以指出门看戏剧、综艺表演等。茶余饭后的休闲时间，家人亲朋聚在一起看节目儿，是很温情的日常休闲活动。

## 看杂技 [kʰan⁵¹tsa²⁴tɕi⁵¹]

指在马戏团等场合大家聚在一起看杂技表演的娱乐活动。

大
连

陆·日常活动

6-10 ◆复州城

## 复州东北大鼓 [fu⁵³tʂəu³¹tuŋ³¹pei²¹ta⁵¹ku²¹³]

属于东北大鼓的一个支脉，已有 300 多年的历史，是国家级非物质文化遗产。可由一把三弦琴、一面书鼓独自奏唱，也可由三四人组成小乐队共同演唱。大鼓指的是演唱时所用的扁平形状的书鼓，放在架子上，演唱者边唱边击鼓。

## 皮影儿 [pʰi²⁴iər²¹³]

即皮影戏，是一种用驴皮制成的人物剪影来表演故事的民间戏剧。明朝万历年间由陕西来东北戍边的士兵传入复州，已有 300 多年的历史。主要分布在瓦房店地区，被列入第一批国家级非物质文化遗产名录。复州皮影儿以独特的唱腔塑造人物形象，具有浓郁的趣味性，深受民众喜爱。

6-11 ◆王家屯（张春雷摄）

中国语言文化典藏

## 太平鼓舞 [tʰai⁵¹pʰiŋ²⁴ku²⁴u²¹³]

也有叫"烧香鼓"[ʂau²⁴ɕiaŋ³¹ku²¹³]、"单鼓"[tan³¹ku²¹³]的，原是人们庆祝丰收、祈求太平的祭祀舞。马桥子"太平鼓舞"起源于清朝中期，由王氏家族从山东传来，经常在一些婚丧嫁娶的场合表演。

## 辽南二人转 [liau²⁴nan²⁴ɚ̩⁵¹zən²⁴tsuan⁵¹]

属于东北二人转的南派，舞是辽南二人转最突出的特色。在此行中有"南靠浪，北靠唱，西讲板头、东耍棒"的说法。其中的"浪"指的就是舞。特别注重以戏曲基本功打底，吸收民间舞蹈的元素，形成了独特的表演风格。

## 吹咔乐 [tsʰuei³¹kʰa²¹yɛ⁵¹]

也叫"咔戏"[kʰa²¹ɕi⁵¹]，是民间鼓乐中一种独特的演奏形式，已有200多年的历史，是省级非物质文化遗产。用唢呐哨子连接一段牛角或铜管，以手做共鸣箱来演奏。可以模仿京剧、评剧等唱段，也可模仿动物或自然界的声音。多在婚丧嫁娶、集会节庆时表演。

6-12 ◆三台（金佳蕊、颜培波提供）

6-13 ◆香一街（高光辉摄）

### 劳动公园儿 [lau²⁴tuŋ⁵¹kuŋ³¹yɐr²⁴]

　　1899 年规划建设的大连最早的城市公园，位于青泥洼桥附近，原为西青泥洼村旧址。公园布局通透、自然。园中有百年洋槐（见图 8-69）和作为城市象征的足球形建筑艺术馆。这里常作为每年赏槐会的主会场，也是举办元宵节灯展等活动的场所，还是多部电影的拍摄地。

6-15◆劳动公园（嵇汝广提供）

6-16◆会展路

6-18◆星台街

**手风琴** [ʂəu²⁴fəŋ³¹tɕʰin²⁴]

　　一种既能独奏、又能伴奏的键盘乐器。这种乐器不仅能够演奏单声部的优美旋律，还可以演奏多声部的乐曲，更可以如钢琴一样双手演奏丰富的和声。老大连人对手风琴和苏联歌曲有着特殊的感情。

**打牌儿** [ta²¹pʰer²⁴]

　　以前小孩儿常玩儿的游戏之一，可以两人或多人比赛。一个人拿着自己的牌儿，扬起胳膊向另一个人放在地上的牌儿使劲抽打，若对方的牌儿被打翻过来了，就归胜者所有。最初打的是烟纸牌、报纸叠的方牌、饺子牌，后来是印有人物像的圆纸板牌。

**打滚子** [ta²⁴kuən²¹ə⁰]

　　大连人常玩的一种扑克游戏。周边乡村也叫"打棒子"[ta²¹paŋ⁵¹ə⁰]、"打棒儿"[ta²¹pãr⁵¹]。街头巷尾公园里，只要凑够人手，一定会厮杀上几回。"打滚子"须有四个人，用多副扑克打，因此常有人喊"三缺一"，想凑够人手一起玩。大连电视台还专门有一个"打滚子"娱乐节目，叫"步步为赢"。

6-19◆劳动公园

中国语言文化典藏

6-20◆柳树南街

## 打麻将 [ta²¹ma²⁴tɕiaŋ⁵¹]

四个人围坐在一个方桌旁进行的娱乐游戏。麻将是用塑料等制成的小长方块，上面刻有花纹或字样，每副136张。不同地区有不同的玩法，大连当地的主要打法是"推倒胡" [tʰuei³¹tau²¹xu²⁴] 和"穷胡" [tɕʰyŋ²⁴xu²⁴]。

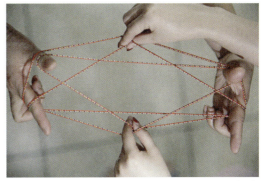

6-22◆宏业街

## 翻绳儿 [fan³¹ʂɤr²⁴]

指的是一种两个人玩儿的翻花绳游戏。用一根绳子系成圆圈，一个人用手指编出一种花样，另一个人从前者手中接过勾起，翻成另一种花样，再交替翻，直到其中一个人翻不下去为止。

## 甩鞭 [suai²⁴pian³¹]

一种休闲锻炼活动。甩鞭时通过弯腰收心，抖动手腕，将力量传递至鞭子的末梢。力量够大时皮鞭会发出响亮的声音。甩鞭需要全身肌肉协调用力，其中肩部的活动较多。在清晨、午后和傍晚的星海公园经常能看到甩鞭锻炼的人们。

## 打野卯儿 [ta²¹iɛ²⁴maur²¹³]

也叫"打已卯儿" [ta²¹i²⁴maur²¹³]、"丢沙包儿" [tiəu³¹sa²⁴paur³¹]，是由打棒球演变而来的一种游戏，分攻守两方。可用砖头摆出垒位，投出的球被守方接住，投球人就要重新换人。后来，球变成了沙包，规则也和以前不一样了，但游戏名没变。

6-17◆星海公园

6-21◆柳树南街

6-23 ◆柳树南街

6-24 ◆柳树南街（乔莉萍提供）

## 打蛋儿 [ta²¹tɐr⁵¹]

指用手指弹玻璃弹珠的游戏。规则是在地上画一条起点线和终点框，在终点框里放几颗作为奖励的弹珠，从起点线开始弹自己的弹珠，称为"主弹儿"[tʂu²¹tɐr⁵¹]，若把终点框里的弹珠弹出，主弹儿也不停留在框内则赢，被弹出的弹珠归胜者。

## 抓大把 [tsua³¹ta⁵¹pa²¹³]

也叫"抓五子儿"[tsua³¹u²⁴tsər²¹³]，满族流传下来的抛抓游戏。拿起其中一颗"嘎啦哈"[ka²¹la⁰xa⁵¹]向上抛，趁其未落到桌面上，抓起桌面上第二颗，再来接住第一颗，依次类推。"嘎啦哈"来自满语，指的是羊、猪等动物后腿膝盖处的拐骨。

## 跳皮子 [tʰiau⁵¹pʰi²⁴ə⁰]

也叫"跳皮筋儿"[tʰiau⁵¹pʰi²⁴tɕiər³¹]，有许多固定跳法，可以单人或分组进行。

6-25 ◆柳树南街

中国语言文化典藏

6-28 ◆柳树南街

6-26 ◆会展路

## 骨碌圈儿 [ku²¹lu⁰tɕʰyɐr³¹]

又叫"滚钢圈儿" [kuən²¹kaŋ²⁴tɕʰyɐr³¹]，是以前小孩儿喜欢的娱乐游戏之一，现在已经很少见了。具体操作方法是用铁钩推动钢圈向前滚动，以铁钩控制方向，保持平衡。

## 跳房子 [tʰiau⁵¹faŋ²⁴ə⁰]

以前常见的一种儿童游戏。指先用粉笔在地面上画出类似房子的一格两格相间的长条形状，标上数字。将石头或者毽子扔在第1格内开始跳，一格一只脚。跳到头后跃起转身往回跳。跳到第2格时捡起石头或毽子扔在第2格，再继续跳，以此类推。

## 踢足球儿 [tʰi³¹tsu²¹tɕʰiəur²⁴]

当地人非常喜欢的一项球类运动，也被从山东移民到大连的老辈人叫作"蹉球" [tɕyan²¹tɕʰiəu²⁴]。在大连有近十个足球场或足球公园，节假日或周末的时候总是聚满了人。现在越来越多的孩子从小就开始练习这项运动。

6-27 ◆柳树南街

大连

陆·日常活动

199

**玩儿帆船** [uer²⁴fan³¹tsʰuan²⁴]

一种海上娱乐活动，指帆船利用风力前进。在天气晴朗的星海湾、东港游艇码头都有乘帆船出海体验的娱乐设施。类似的还有游艇、快艇等。

中国语言文化典藏

6-30 ◆市场街

6-31 ◆张辛路（姜薇提供）

## 滑旱冰 [xua²⁴xan⁵³piŋ³¹]

又叫"轮滑" [luən²⁴xua²⁴]，是脚蹬四轮特制鞋在坚实平坦的地面上滑行的运动，可以锻炼人的腿部肌肉和平衡性等。基本动作包括站立、滑行、停止、踏步和倒滑。目前在青少年群体中很受欢迎。

## 滑雪 [xua²⁴ɕyɛ²¹³]

当地冬天热门的室外活动。滑雪的方式有单板、双板，还有坐在轮胎上被拉着滑的。滑雪可以去专门的滑雪场，也可以在大雪后的小道儿上、院子里滑。

## 打雪仗 [ta²⁴ɕyɛ²¹tʂaŋ⁵¹]

很受小孩儿欢迎的游戏。下过雪后分帮结派，手握雪团儿投到对方的身上，成年人也常被吸引参与到其中。打雪仗的输赢不重要，而在于能在雪地里尽情跑跳打闹，热烈的气氛、高涨的情绪，让人一点儿也不觉得冷。

## 堆雪人儿 [tei³¹ɕyɛ²¹iər²⁴]

一种小孩儿十分喜爱的娱乐活动。下过雪后，人们可以发挥各自的想象力和创造力，将雪滚成不一样大小的雪球，堆成雪人或者动物的样子。常用胡萝卜、围巾、树枝、纽扣等物品装点雪人。

6-32 ◆红旗西路（张燕提供）

6-33 ◆红旗西路

6-34 ◆会展路

6-35 ◆大黑石

### 小人儿书 [ɕiau²¹iər²⁴ʂu³¹]

即连环画，是用连续的图画来叙述故事、刻画人物，也有把电影、戏剧等故事改编成的连环画。过去看小人儿书是街边一景。一群孩子聚在书摊旁，常常花几分钱就可以租来看，现在基本没有了。

### 赶海 [kan²⁴xai²¹³]

指当地人在退潮的时候，到海边捡拾或挖取蚬子、海蛎子等海产品。潮起潮落，铲子、耙子、水桶等工具伴随着赶海人走过四季。赶海的满足不在于收获多少，而是一种当地人对生活的期盼和对海的依恋。

### 上海 [ʂaŋ⁵¹xai²¹³]

当地人把去海边游泳、洗海澡、野餐等活动叫"上海"。

6-39 ◆广鹿岛

6-38 ◆星海公园

## 找虾眼儿 [tsau²⁴ɕia³¹iɚ²¹³]

　　赶海活动中的重要环节。赶海的时候，在海滩上找小窟窿眼儿，用铲子挖开，就可能有意外收获。找蝼蛄虾，还要在虾眼儿附近插上细杆儿，如果哪根细杆儿轻微晃动，就表明下面有蝼蛄虾，要赶紧用毛笔来钓。

## 玩儿沙子 [uer²⁴ʂa³¹ɚ⁰]

　　指的是在海边堆沙子、建"沙堡"的娱乐活动。常见的玩儿沙子游戏有"尿床"、堆城堡和建堤坝等。"尿床"指在小沙堆中心插入一根小木棍儿，几人轮流从木棍儿周围拨走沙子，看谁先把木棍儿拨倒，有先拨倒木棍儿的人晚上会尿床的玩笑说法。

## 海钓 [xai²¹tiau⁵¹]

　　当地人喜欢的一种娱乐活动，可以在岸上，也可以穿着"皮衩儿" [pʰi²⁴tsʰar²¹³]（见图3-24）站在浅水区，还可以乘船到远处大海里钓。主要工具有鱼竿、鱼篓、鱼漂等。海钓的主要对象是黄鱼、带鱼、石斑鱼等。还有的人在半夜、凌晨去海钓。

6-40◆夏家河子

6-42◆星海湾浴场

## 扒湾儿 [pa²⁴uer³¹]

指到海边赶海时用小耙子、小铲子把海滩上的泥沙扒成小湾儿，找寻捡拾各种贝类虾蟹等。"扒湾儿"也是"赶海"的通俗说法。

## 冬泳 [tuŋ³¹yŋ²¹³]

指冬季在室外游泳。冬泳能增强心血管的功能。冬季室外水温较低，当地有不少游泳爱好者冬季坚持在海中游泳，在星海湾等浴场能看到他们的身影。

## 洗海澡儿 [ɕi²¹xai²⁴tsaur²¹³]

就是大连人说的到海里游泳等活动。每到盛夏，人们都喜欢避开正午，三五成群地"上海"（见图6-36）洗海澡儿。

6-41◆星海公园

6-44 ◆夏家河子

6-45 ◆营城子湾（莫再英提供）

**海边儿长廊** [xai²⁴piɐɹ³¹tʂʰaŋ²⁴laŋ²⁴]

在海滨浴场附近建造的大且长的亭子，多用于人们休息、餐饮等。

**海边儿篝火** [xai²⁴piɐɹ³¹kəu³¹xuə²¹³]

指在海边度假村人们围绕着篝火进行的各种娱乐活动。

**赏海景儿** [ʂaŋ²¹xai²⁴tɕiə̃r²¹³]

一种在海边的休闲活动。大连三面环海，在海边可以看日出日落、潮涨潮落、船来船往。不同的海岸、不同的季节、不同的天气，可以看到不同的海景。

6-43 ◆傅家庄公园

6-46◆星海湾

## 看海鸥 [kʰan⁵¹xai²⁴əu³¹]

　　主要在星海湾、东港、渔人码头、傅家庄、旅顺口等游览区常见的海边与海鸥嬉戏互动的活动。将手中的小鱼等抛撒到空中，成群的海鸥在身边盘旋飞翔，此起彼伏的鸣叫声让人兴奋。

## 摘樱桃儿 [tsai²⁴iŋ³¹tʰaur⁰]

　　樱桃成熟时节当地人喜欢的休闲娱乐活动。樱桃是大连的特产水果之一，大连市郊有很多樱桃园，每到收获季节就会开展采摘活动。

中国语言文化典藏

6-49◆旅顺北路

6-48◆旅顺老铁山（谷国强摄）

6-47◆中山广场

## 过雀儿 [kuə⁵¹tɕʰiaur²¹³]

旅顺老铁山山间林木茂密，每年春秋两季，南来北往迁徙途经此地的候鸟有近300种，上百万只之多。老百姓把众鸟飞过的壮观场面叫"过雀儿"。当地人年年都会被这壮观的场面吸引，前来观看。

## 喂鸽子 [uei⁵³kɤ³¹ə⁰]

指在海边或广场上，人们用购买的鸽子食投喂鸽子。这是当地人和游客十分喜欢的消遣娱乐活动之一。主要集中在人民广场、中山广场和星海广场。

## 老汤温泉 [lau²⁴tʰaŋ³¹uən³¹tɕʰyan²⁴]

温泉的一种，指从地下自然涌出的、泉口温度显著高于当地年平均气温的地下天然温泉水，含有对人体健康有益的微量元素。大连市郊有不少温泉，人们喜欢在周末和假日去泡老汤温泉放松身心。

6-50◆柳树南街

大连 ｜ 陆·日常活动

207

6-51◆横山寺

## 观音菩萨 [kuan²⁴in³¹pʰu²⁴sa⁰]

即观世音菩萨。横山寺观音台上供奉的渡海观音，高19.9米，仿金铜打造，妙相庄严，加上基座总高39.9米。基座上6677尊分身像，形成圆通无碍、金碧辉煌的观音世界。来礼佛的人，一般都会在这里进香，香火很盛。

6-53◆河川街

## 福娃儿 [fu²¹uar²⁴]

陶瓷制的童男童女娃娃，是一种传统的吉祥物。有的人家里会摆放福娃儿，认为福娃儿是福气的化身，能带来幸福、吉利。

中国语言文化典藏

6-52 ◆横山寺　　　　　　　　　　　　　　　6-54 ◆柳树

## 弥勒佛儿 [mi³¹lɤ⁰fɤr²⁴]

是吉祥、快乐的象征。除了在寺庙中有弥勒佛儿的塑像，当地普通家庭也会摆设弥勒佛儿，希望化解厄运，消除烦恼。

## 财神 [tsʰai²⁴ʂən²⁴]

民间信奉的主管世间财源的神明。一般饭店、商店和有的普通家庭会供奉财神，希望生意红火、财源广进。

## 海神娘娘祭典 [xai²¹ʂən²⁴ȵiaŋ²⁴ȵiaŋ⁰tɕi⁵¹tian²¹³]

"海神娘娘"是老辈人对妈祖的称呼。当地和胶东都以农历正月十三日作为海神娘娘的生日，渔民会在这一天祭祀，祈求保佑新的一年风调雨顺、鱼虾满舱。在开渔前，会上香、磕头、放鞭炮来祭拜她，希望打鱼平安归来。

6-56◆龙王塘

## 放海灯 [faŋ⁵¹xai²⁴təŋ³¹]

当地渔民的一种祭祀活动。胶辽地区关于妈祖的信俗与南方及京津地区略有不同，以正月十三为海神娘娘的生日，这一天要为海神娘娘放海灯。这一风俗已在大连地区盛行 400 余年，一是为了祈求来年鱼虾满舱，全家平安；二是为了祭奠在海上遭遇不幸的亲人。

6-58◆横山寺

## 祈福牌 [tɕʰi²¹fu²⁴pʰai²⁴]

各大寺庙中用于祈福的木制小牌。人们常将对自己和家人的祝愿写在上面，挂在专门的架子上。多为祈福避灾，希望实现求子、求学、求财等愿望。

中国语言文化典藏

## 烧香 [ṣau²⁴ɕiaŋ³¹]

也叫"上香"[ṣaŋ⁵³ɕiaŋ³¹]。在当地多指敬神礼佛的一种仪式，逢年过节和祭拜逝者时都要"烧香"。大连地区的一些寺庙如横山寺香火很旺。

## 祈福钟 [tɕʰi²⁴fu²⁴tsuŋ³¹]

是元顺帝年间，朝廷为在高丽国弘扬国法，在朝鲜铸造的大钟。钟体文为兰查体梵文篆刻的阿罗尼咒经文，内容是祈祷各方佛祖保佑平安、健康，故名祈福钟。20 世纪初，古钟运往大连，安放在东本愿寺。1958 年被迁至劳动公园。此为原样复制，原件已被旅顺博物馆收藏。

大连　陆·日常活动

## 松山寺 [suŋ²⁴san³¹sʅ⁵¹]

　　始建于 1756 年，1946 年迁至唐山街，2000 年重建。传说唐代一个僧人跟随张亮水军渡海来到青泥浦，因见洼南有灵气，就留在这里建筑寺庙，并将带来的牡丹种子种在殿前，松子种在南山中，故名松山寺。

6-60◆夏家河子

**雷电风雨亭** [lei²⁴tian⁵¹fən³¹y²¹tʰiŋ²⁴]

建在高处兼有祈求风调雨顺和供人躲避雷雨的建筑。夏家河子海滨公园的山坡上就建有雷电风雨亭。

6-61◆复州城

**永丰塔** [yŋ²¹fən³¹tʰa²¹³]

位于复州古城永丰寺的东侧。永丰寺始建于唐贞观年间，是辽南最早的古刹之一。寺内有七座大殿，40余尊佛像，还有钟楼、鼓楼等。永丰塔建于辽代，1993年重建。塔身高耸奇伟，巍然壮观。

### 横山寺 [xəŋ²⁴san³¹sʅ⁵¹]

　　我国长江以北最大的佛教寺院，始建于汉代，历史悠久，2004 年重建落成于旅顺口区龙王塘，建筑面积达 12000 平方米。寺院北靠横山主峰，横山中峰略突，左右两峰平齐，极似金元宝，更似大肚弥勒佛像。可谓山体神形，天赐佛缘。

中国语言文化典藏

6-63◆横山寺

6-64◆营城子

## 妈祖庙 [ma²⁴tsu²¹miau⁵¹]

也叫天后宫，是供奉妈祖（即海神娘娘）的地方。妈祖是船工、海员、旅客、商人和渔民共同信奉的神祇。民间在船舶起航前也要先祭妈祖，祈求保佑平安顺遂。

## 土地庙儿 [tʰu²¹ti⁵³miaur⁵¹]

又称"福德庙"[fu²⁴tɤ²⁴miau⁵¹]、"伯公庙"[pɤ²⁴kuŋ³¹miau⁵¹]，是供奉土地神的庙，多为自发建造的小型建筑，在乡间分布最广。土地庙儿多半造型简单，常见树下或路旁。

6-65◆金龙寺

柒·婚育丧葬

大连人把相亲、恋爱叫作"找对象"[tṣau²¹tei⁵³ɕiaŋ⁵¹]或"处对象"[tṣʰu⁵³tei⁵³ɕiaŋ⁵¹]，讲究门当户对。恋爱成功之后就是办喜事了，男的结婚一般叫"将媳妇儿"[tɕiaŋ⁵¹ɕi²⁴fur⁰]，女的出嫁叫"出门子"[tṣʰu³¹mən²⁴ə⁰]。订婚后，两家人一起商量传启、聘礼、嫁妆并确定婚礼日期。通常男方要准备三金和婚房儿，女方准备电器等。登记要择良日去，大连流行的做法是挑选阴历和阳历都是双数的日子，寓意好事成双。登记后，小两口要去男方家吃一顿喜庆饭。现在婚礼都由婚庆公司操办，很多老规矩都被新程式取代了。

对大多数家庭来说，结婚成家以后最大的事就是生养小孩儿了。生小孩、坐月子、"看喜"[kʰan⁵¹ɕi²¹³]亲戚邻居到刚生了小孩儿的家中祝贺、满月、百天，尤其是孩子满1周岁的抓周，很让人期待。

与过去相比，大连现代的丧葬仪式呈现简单化，一些习俗和环节已被省略。由于大连人很多是闯关东的移民，与亲人隔海相望，不方便回乡祭奠，曾形成了在路口烧纸的习俗。现在由于环保意识的增强，这样的祭祀习惯逐渐淡化了。

7-1 ◆黄河路

## 三金 [san²⁴tɕin³¹]

指金戒指、金耳环、金手镯，是婚礼前准公婆为新娘准备的饰品，属于聘礼的一部分。在婚礼当天，新娘穿中式喜服出门时佩戴。

## 见面儿礼 [tɕian⁵³mier⁵¹li²¹³]

女方订婚前正式拜见准公婆时，准婆婆给女方玉手镯等传家首饰。同时也会给红包，内装含 6、8 数字的钱，寓意"顺利、发财"，或者装入 1314 元谐音表示"一生一世"等。

## 卷面 [tɕyan²¹mian⁵¹]

指婚礼前夕，用棉线将新娘脸上的绒毛、额角眉间的杂毛卷去，使面部光滑细致、容光焕发。这种流传在民间的美容术只在婚礼前进行，非常正式庄重，表示姑娘身份即将改变。

7-2 ◆星台街

7-4 ◆红旗西路

## 封红包儿 [fəŋ³¹xuŋ²⁴paur³¹]

男方家在红色信封中封入数字吉利的新钱，作为见面礼或聘礼给女方家。一般是"1001"或"10001"，寓意"千里挑一"或"万里挑一"。有时女方家也会给男方一定金额的红包。

## 两铺两盖儿 [liaŋ²⁴pʰu³¹liaŋ²¹kɐr⁵¹]

指的是新郎家准备的床上用品，包括均为红色的两床褥子、两床被子，于婚礼前一天太阳落山前送到新房。

7-7 ◆柳树南街

7-6 ◆黄河路

**缝喜线儿** [fəŋ²⁴çi²¹çiɐʳ⁵¹]

指新郎母亲在新房被子的四个角缝入六百或八百元钱。

**聚宝盆儿** [tçy⁵¹pau²¹pʰəʳ²⁴]

婚礼前由娘家准备的两个红盆，也叫"喜盆儿"。盆里放入镜子、梳子、针线盒、元宝、子孙桶、同心锁、毛巾、斧头 8 样物品。寓意成双成对，永结同心，子孙满堂，日子红火。

**压柜** [ia⁵³kuei⁵¹]

指新娘到婆家后，由娘家舅舅把聚宝盆儿放到新房柜子里。新娘母亲会事先在聚宝盆儿里放一些钱，留给女儿备用。大连有"妈妈不给姑娘压钱，姑娘婚后会受穷"的说法。

**压箱底儿** [ia⁵³çiaŋ³¹tiɐʳ²¹³]

指新郎母亲在新房的被褥下、床头柜、衣柜等地方压入崭新的五角钱硬币，现在也有放 100 元纸币的。

7-10 ◆柳树南街

7-11 ◆黄河路

中国语言文化典藏

7-8◆宏孚街

7-9◆柳树南街

## 包袱皮儿 [pau³¹fu⁰pʰiər²⁴]

婚礼当天娘家用来包裹聚宝盆儿的红布，由伴娘端着，男方家族会选出两位有福气的人接盆。两个聚宝盆儿内都以大枣、花生、桂圆、莲子、两卷新5角钱垫底，寓意"早生贵子"。

## 喜馒头 [ɕi²¹man²⁴tʰəu⁰]

办喜事时，新娘娘家准备的带有"囍"字的馒头。馒头通常做成有吉祥寓意的形状，如莲子、鱼等。做好的喜馒头在迎亲时也用包袱皮儿包好。

## 摆桌儿 [pai²⁴tsuər²¹³]

指婚礼当天的早上，在新房和新娘娘家的茶几上摆四个或更多的双数的盘子，装满鲜果、干果、糖、烟，用来接待客人。

7-12◆红旗西路

大连

柒·婚育丧葬

223

7-13 ◆红旗西路

### 贴喜字儿 [tʰiɛ³¹ɕi²¹tsər⁵¹]

指婚礼当天早上在新房和新娘娘家的门窗以及院落贴上红色喜字儿，字形多为"囍"。

7-14 ◆红旗西路

### 压马葫芦盖儿 [ia⁵¹ma²¹xu²⁴lu⁰kɐr⁵¹]

也称"压井盖儿" [ia⁵¹tɕin²¹kɐr⁵¹]。婚礼当天清晨用红纸盖住新娘娘家和新房附近的井盖，寓意掩盖不洁、污秽之物。

### 喜服 [ɕi²¹fu²⁴]

新娘在结婚当天穿的裙装。以红色绣金线的中式礼服居多，上面通常绣有龙凤、鸳鸯、麒麟等图案，有夫妻恩爱、早生贵子之意。

### 红腰带 [xuŋ²⁴iau³¹tai⁵¹]

红色的空心腰带，内部封入双数的百元钱。结婚当天清晨新郎母亲给新郎系上红腰带，新娘母亲给新娘系上红腰带，寓意未来"腰缠万贯"。

7-16 ◆红旗西路

7-17 ◆红旗西路

**新娘** [çin³¹ȵiaŋ²⁴] │ **新郎** [çin³¹laŋ²⁴]

　　婚礼上的男女主角。过去新娘在婚礼上常穿红色或粉色连衣裙，如今多穿白色婚纱。新娘在婚宴上敬酒时多穿红色绣金线的中式喜服。婚礼上的男主角，过去常穿中山装，如今多穿西装、佩戴胸花，也有的穿中式服装。

7-18◆柳树南街

7-19◆柳树南街

**婚鞋** [xuən³¹ɕiɛ²⁴]

结婚当天新娘正式穿着的鞋子，多是红、白、银色的高跟鞋。从娘家出门时，由新郎帮新娘穿上，内垫双数百元新钱。

**盖头** [kai⁵¹tʰəu⁰]

特指在传统婚礼上新娘头上蒙着的大红绸缎，即红盖头。这块盖头要入洞房后由新郎揭开。

**伴郎** [pan⁵¹laŋ²⁴]

通常选择属相与新人不相克的未婚男性充当，人数与伴娘人数对等。伴郎要跟随车队迎娶新娘，与新郎共同应对女方亲友的考验。在婚宴上帮助新郎处理突发情况。

7-20◆红旗西路

中国语言文化典藏

7-21 ◆红旗西路

## 伴娘 [pan⁵¹n.ian²⁴]

通常选择属相与新人不相克的未婚女性充当，人数与伴郎人数对等，一般身着统一的礼服裙子。伴娘要帮助新娘亲友一起堵门儿考验新郎。婚礼上伴娘要不离新娘左右，时刻关注新娘的形象和需要。

## 堵门儿 [tu²¹mər²⁴]

也称"拦门儿"[lan²⁴mər²⁴]，是新郎去新娘家接新娘时遇到的考验环节。由娘家堂姊妹等堵住房门，新郎及其亲友需给红包方可入内。之后新郎还要通过游戏考验、找婚鞋、捧花表述婚后承诺、为新娘穿婚鞋等环节才算结束。

## 迎亲饺子 [in²⁴tɕʰin³¹tɕiau²¹ə⁰]

又称"百财饺子"[pai²⁴tsʰai⁵¹tɕiau²¹ə⁰]，取"白菜"的谐音，寓意招财。是结婚当天早上新娘母亲亲手包的白菜馅儿饺子。新人出门前需互喂饺子，同时吃到以示彼此默契。饺子要吃双数寓意好事成双。在场的亲戚朋友也一起吃，沾沾喜气。

7-22 ◆红旗中路

7-23 ◆红旗西路

227

## 抱新娘 [pau⁵¹ɕin³¹n̠iaŋ²⁴]

指新郎给新娘穿好压了百元钱的婚鞋后，将新娘抱或背到婚车上。新娘出门，脚不能沾地。

## 婚房儿 [xuən³¹fãr²⁴]

又称"新房儿"[ɕin³¹fãr²⁴]，指新人婚后共同居住的房屋。婚礼前一天会使用拉花、气球等对新房进行装饰。参加婚礼的人看婚房儿是婚宴后的重要环节。

7-25 ◆红旗西路

7-26 ◆红旗西路

## 扔顶针 [ləŋ³¹tiŋ²⁴tʂən³¹]

指新郎、新娘在去往新房的路上，如果遇到别人家办白事，新娘要扔掉一个顶针，意为把不好的东西"顶"回去。

## 换手绢儿 [xuan⁵¹ʂəu²¹tɕyɐr⁵¹]

指新郎、新娘在去往新房的路上，若遇到别人家也办喜事，双方新娘要交换红手绢，一是图个吉利，二是怕互相冲了喜气。如果有孕妇或戴孝的人参加婚礼，也要给红手绢。

## 改口儿敬茶 [kai²⁴kʰəur²¹tɕiŋ⁵¹tsʰa²⁴]

婚礼不可缺少的一个环节。新人分别向双方父母敬茶，以感谢养育之恩，然后改口称对方父母为爸妈。

7-28 ◆红旗西路

## 婚床 [xuən³¹tsʰuaŋ²⁴]

专门为新婚夫妇准备的床。床上要放置红色的被褥，四角缝上硬币，也可放一些喜庆的摆件。婚礼当天会在床上摆放花生、桂圆、红枣、莲子等，寓意早生贵子。

## 坐福 [tsuə⁵¹fu²⁴]

新郎扶着新娘坐在放于新房婚床的福垫上。福垫下面放木质或其他材质的小斧子。"斧"谐音"福"，寓意多子多福。

中国语言文化典藏

7-31 ◆柳树南街

7-32 ◆辛吉街

## 喜斧 [ɕi²⁴fu²¹³]

新娘在下婚车入新房之前,由婆家大姑姐或别的亲属递给新娘一把木质或其他材质的小斧子。"斧"谐"福"音,喜斧寓意有福,祝愿新人以后的生活幸福美满。

## 撒帐儿 [sa²⁴tʂãr³¹]

指新人的父母将摆放于新房床上的大枣、花生、桂圆、莲子、五角钱硬币高高抛起,撒到新人身上,口中说"早生贵子"等祝福的话语。

## 钉门帘儿 [tiŋ⁵¹mən²⁴liɚ²⁴]

指小舅子用红布包好的秤砣,将绣了鸳鸯等图案的红门帘钉在洞房门上。要钉双数下,寓意成双成对。用铁质的秤砣表示铁了心过一辈子。钉好后由新郎母亲给红包。如果新娘没有弟弟,也可让娘家未婚的男孩儿来完成。

7-33 ◆黄河路

7-34◆黄河路

7-35◆黄河路

### 压床宝宝 [ia⁵¹tsʰuaŋ²⁴pau²¹pau⁰]

指从女方亲友中选取一对童男童女和新人共同坐在婚床上，寓意早生贵子、儿女双全。结束后由新郎母亲分别送给两个宝宝红包。

### 缠腿面 [tʂʰan²⁴tʰei²¹mian⁵¹]

通常由过水面、鸡蛋、大虾等煮制而成。在新房中由婆婆给新人煮好端来。新人坐在婚床上互相喂食。意思是把新人的腿缠上，百年好合，永不分离。

### 海边儿婚礼 [xai²⁴pieɹ³¹xuən³¹li²¹³]

指在海边举行的户外婚礼。大连三面环海，风景优美，气候适宜，许多新人选择在海边举行户外婚礼。人们都祈求天公作美不要在婚礼当天下雨，因为民间有"下雨天娶的媳妇儿厉害"的说法。

7-36◆星海广场

中国语言文化典藏

## 电车婚礼 [tian⁵³tʂʰɤ³¹xuən³¹li²¹³]

    指在老电车上举行的婚礼，显示的是大连人对老电车的特殊情感。大连 201 路电车是历史悠久的老电车。图为 2011 年 5 月 28 日大连举办的首次电车婚礼，也是国内的第一次。

## 交杯酒 [tɕiau²⁴pei³¹tɕiəu²¹³]

    婚礼仪式上，新人用交搭手腕的方式饮酒。寓意你中有我，我中有你。

7-39◆柳树南街

7-40◆星海广场

**礼单儿** [li²⁴tɤr³¹]

记录新人双方父母互赠财物明细的红帖，也指记录婚礼上宾客名字和赠予礼金明细的红帖，也叫签名册。

**喜宴** [ɕi²¹ian⁵¹]

举行婚礼时，亲朋好友在一起吃的宴席。上菜的数量必须是双数。其中海味儿全家福和喜面是必须有的菜肴和主食。

**喜饼儿** [ɕi²⁴piɤ̃r²¹³]

婚礼前准备好的糕点。喜饼一般装在盒子里，随喜糖喜烟一起送给参加婚礼的亲朋好友，有传播喜讯、分享喜气的作用。也有不装在盒子里，摆在甜品台上的。

**扒糖** [pa²¹tʰaŋ²⁴]

指在敬酒时，新人要给参加婚宴的女宾尤其是长辈剥喜糖吃，给抽烟的男宾点烟。

7-41◆星海广场

7-42◆柳树南街

中国语言文化典藏

7-44◆营城子

## 嘟当儿 [laŋ³¹tãr⁰]

结婚时准备的拴着一串钱币的红布，结婚之后要保存好。当家里有婴儿出生时，就将其挂在房门外。生男孩在东边挂"马嘟当儿" [ma²⁴laŋ³¹tãr⁰]红布为正方形，生女孩在西边挂"牛嘟当儿" [niəu²⁴laŋ³¹tãr⁰]红布为长方形。

7-43◆营城子

7-45◆松江路

**随** [suei²⁴]

意为"像"。民间认为新生儿会在性格、长相、智商等方面像第一个抱他／她的人。因此要选择性格好、长相好、聪明的家人第一个抱刚出生的孩子。

7-46◆宏业街

**猪蹄儿** [tʂu³¹tʰiər²⁴]

本地流行在坐月子时吃猪蹄儿或喝猪蹄儿黄豆汤。民间认为此汤有催乳的功效，营养价值较高。

**排骨汤** [pʰai²⁴ku²⁴tʰaŋ³¹]

指孕妇产后喝的以猪排骨为主要原料制成的汤，民间认为此汤有助于产后身体恢复。

**小米儿粥** [ɕiau²⁴miər²⁴tʂəu³¹]

坐月子必吃的食品，可单独煮熬，也可添加大枣、桂圆等食材煮熬。有养胃的功效，营养价值较高。

7-47◆宏业街

7-48◆红旗西路

中国语言文化典藏

7-49 ◆连华街

## 笨鸡蛋 [pən⁵³tɕi³¹tan⁵¹]

指的是乡村散养鸡产的蛋，也叫"土鸡蛋"[tʰu²⁴tɕi³¹tan⁵¹]、"草鸡蛋"[tsʰau²⁴tɕi³¹tan⁵¹]、"柴鸡蛋"[tʂʰai²⁴tɕi³¹tan⁵¹]等。这种鸡蛋个头较小，蛋壳较厚，多为红皮。煮熟磕开后蛋清洁白分层，蛋黄紧致，颜色鲜亮，营养价值高，当地有产妇坐月子必须吃笨鸡蛋的习俗。

7-50 ◆柳树南街

## 鳝鱼发奶 [ʂan⁵¹y²⁴fa²⁴nai²¹³]

当地人认为吃鳝鱼有利于产妇发奶。民间还将鳝鱼头煅烧成灰，空腹温酒送服，用来治乳核硬痛。

## 寿桃儿 [ʂəu⁵¹tʰaur²⁴]

新生儿出生满一百天时，父母请亲朋好友吃饭时经常摆放在餐桌上的面食。带有"寿"字的馒头，寓意健康长寿。以前老年人过生日时也常用寿桃儿贺寿，现在一般都用生日蛋糕代替了。

## 长寿线 [tʂʰaŋ²⁴ʂəu⁵³ɕian⁵¹]

指的是父母带婴儿到亲属家串门的时候，亲属专门给婴儿准备的一些线。现在大多是在婴儿满月或百天时直接在脖子上挂一桄儿线，寓意长命百岁。

7-51 ◆西安路

7-52 ◆红旗中路（郑芊提供）

### 百天儿 [pai²⁴tʰiɐr³¹]

指新生儿出生的第一百天。这天要拍百天儿照，还要办百日酒，请亲朋好友吃饭，祝福婴儿长命百岁。

### 小手镯儿 [ɕiau²⁴ʂəu²¹tsuɐr²⁴]

新生儿在满月、百天或者周岁时，长辈为新生儿佩戴的银质手镯，寓意健康平安。

7-55◆宏业街

### 长命锁 [tʂʰaŋ²⁴miŋ⁵¹suə²¹³]

新生儿在满月、百天或者周岁时，长辈为新生儿佩戴的颈部银饰。寓意平安无灾、健康长寿，代表了长辈对晚辈的祝福。

7-56◆连华街

中国语言文化典藏

## 抓周儿 [tʂua²⁴tʂəur³¹]

　　也有人叫"抓阄儿" [tʂua²⁴tɕiəur³¹]，是婴儿在一周岁时吃长寿面之前举行的仪式。一般在床上摆放些物品，由大人将孩子抱来，不诱导，任其选择，以此测卜其志趣。比如，如果孩子抓的是算盘儿，就预示将来擅长计算。

## 肚兜儿 [tu⁵³təur³¹]

　　婴儿穿的一种小衣服。上面用布带系在脖颈上，下面两边有带子系于腰间，遮盖肚脐，免于受凉，多穿于夏季。肚兜儿一般颜色鲜艳、绣有动植物图案。

大连

柒·婚育丧葬

7-58 ◆山东路

## 尿褯子 [n̠iau⁵³tɕiɛ⁵¹ə⁰]

即婴儿的尿布。过去多用干净的、纯棉材质的旧秋衣、秋裤制成，不伤害婴儿皮肤。现在多用尿不湿。

## 挂锁 [kua⁵¹suə²¹³]

指亲友看望婴儿时，将自己送的长命锁挂在婴儿身上。锁身一般由金银制成。

7-60 ◆石葵路

7-59 ◆石葵路

## 拨浪鼓 [puə³¹laŋ⁰ku²¹³]

一种用来哄小孩儿、防止哭闹的玩具。主体是一面小鼓，两侧缀有两枚弹珠，鼓下有柄，转动鼓柄，弹珠击鼓发出声音。

中国语言文化典藏

## 寿衣 [şəu⁵³i³¹]

为老年人生前就做好或买好的去世后穿的衣服。

## 岁头纸 [sei⁵¹tʰəu²⁴tsʅ²¹³]

家人去世时在门口挂的纸。一岁一张纸,按序夹在一条绳子上,男左女右挂在院门外,出殡时烧掉。

7-63 ◆营城子

## 灵堂 [liŋ²⁴tʰaŋ²⁴]

供奉灵柩或逝者灵位以供吊唁的厅堂。一般摆放有黑白照片、灵位、挽联、花圈等。现在因为火葬一般不摆放灵柩了。

## 花圈 [xua²⁴tɕʰyan³¹]

用鲜花或者纸花等扎成的环形的祭奠物品，献给死者表示哀悼。

7-67 ◆武昌街

## 纸钱儿 [tsʅ²¹tɕʰier²⁴]

祭祀时烧给逝者，供其使用的纸制冥币。多为黄色纸张，也有的做成铜钱形状。

7-66 ◆红凌路

中国语言文化典藏

7-64 ◆营城子

7-65 ◆营城子

**扯孝衣** [tʂʰɤ²¹ɕiau⁵³i³¹]

制作孝衣的过程和方法。做孝衣不能用剪刀和针线，也不缝扣子。制作时是用手把白色的棉布或麻布扯成一定长度的孝衣、腰带和头上扎的白布条等。

**孝衣** [ɕiau⁵³i³¹]

在亲人去世后穿的白色布衣或麻衣。根据亲属关系和辈分，孝衣有不同的规格。逝者的儿女要穿用白布扯的孝衣，腰系白布条，头扎白布带。

**辟邪红布儿** [pi⁵¹ɕiɛ²⁴xuŋ²⁴puɻ⁵¹]

参加葬礼时，与逝者血缘关系较远的人，在衣服上系或别的一个红布条儿，民间认为可以辟邪。

**红白布条儿** [xuŋ²⁴pai²⁴pu⁵¹tʰiauɻ²⁴]

指在丧葬车队的后视镜上系上红色和白色的布条儿，民间认为可以辟邪。

7-68 ◆红凌路

7-69 ◆武昌街

7-70 ◆红凌路

7-71 ◆星台街

## 引魂幡儿 [in²¹xuən²⁴fɛr³¹]

传统葬礼上用的一种垂直悬挂的纸旗子，用以招引逝者的魂魄。出殡时一般由长子完成摔盆儿等仪式后，率领长孙等举着"引魂幡儿"走在丧葬队伍的最前列。逝者被埋入坟墓后，将其插在坟头上。

## 写包袱 [ɕiɛ²⁴pau³¹fu⁰]

指烧祭祀物品前，在包的封皮上写上逝者的姓名和住址等内容，再点香，口中为逝者祈祷，希望逝者能够富足安康。

## 头七 [tʰəu²⁴tɕʰi²¹³]

逝者去世的第七天，需烧纸、摆供。"做七" [tsuə⁵¹tɕʰi²¹³] 祭祀，除"头七"外，主要还在"三七""五七"和"七七"为逝者进行祭祀。

7-74 ◆黄山路

中国语言文化典藏

7-72 ◆大龙塘　　　　　　　　　　　　　　　7-73 ◆大龙塘

## 立碑 [li⁵³pei³¹]

一般指亲人去世一周年、三周年或五周年的时候，为已故亲人立的石碑。民间认为，立碑一定要选个黄道吉日，不要和逝者的属相、生辰相冲，以免给亲人带来不利。一般是女的先走不立碑，男的先走可立碑。认为女的先走立碑会把男的一起带走，不吉利。

## 墓碑红布儿 [mu⁵³pei³¹xuŋ²⁴pur⁵¹]

墓碑刚立成时在上面包裹的红布。民间认为红布阳气重，用红布包可以带来吉祥之气。

## 烧纸 [ʂau³¹tsɿ²¹³]

指逢祭日、中元节等特殊日子，在路边或者墓地烧纸钱给逝者。除了在墓地，大连人以前多选择在路口用木棍划一个圆圈或用砖摆个圈，将纸钱放入其中烧掉。烧的时候不能说话。路过的人要避开这个圆圈。

7-75 ◆星台街　　　　　　　　　　　　　　　7-76 ◆柳树南街

在大连，重要的传统节日主要包括春节、元宵节、清明节、端午节、中秋节等。其中最隆重的还要数春节。从腊月二十三的祭灶开始，一直忙到除夕。除夕意味着辞旧迎新，当天和初一不能清理院子里的鞭炮纸屑，因为这些意味着新的一年财源广进，生活五彩斑斓。中午是菜肴丰盛的团圆饭，鱼象征着年年有余，鸡预示吉祥如意，猪蹄、鸡爪子的寓意是挠财，白菜的寓意是百财，美酒则是长长久久。讲究的人家还要摆上一道海味儿全家福。到了半夜12点放完鞭炮后还要吃饺子，这顿饺子多是肉馅，寓意生活富足，平安吉祥。除夕之夜很多人通宵不睡，称为"守岁"。正月里，亲属、同事会互相拜年。孩子们最开心的就是穿新衣、收红包、看节目儿。这些传统节日习俗寄托了人们祈求团圆、平安幸福的愿望。现在，一些传统的习俗在不断变化，穿新

衣也不一定非要新年，年夜饭不少家庭改到饭店去吃，拜年、发红包也变成了用手机微信发送。

除了传统节日，大连还有自己的城市节日。比如层层叠叠、花团锦簇、预示着大连春天到来的樱花节，满城芳香、诗情画意的赏槐会，体验采摘甜蜜喜悦的樱桃节，代表大连人心情和口福的开渔节，热闹非凡、绿色健康的徒步节，绚烂多彩、气氛热烈的大连国际啤酒节，已成为这座"田径之乡""奥运之乡"的体育旅游代表项目——大连国际马拉松等。这些节日不仅全方位展示了大连的浪漫时尚、大连人的热情友善，还体现了这座城市的活力和文明。

8-1 ◆红旗西路

## 腊八粥 [la⁵¹pa⁰tʂəu³¹]

一种由大米、小米，红枣、花生、红豆等多种食材熬制而成的粥。农历十二月初八，也叫"腊月初八""腊八儿节"喝腊八粥，泡腊八蒜，是腊八儿节的食俗。到了腊八就意味着拉开了过年的序幕。

## 祭灶儿 [tɕi⁵³tsaur⁵¹]

又叫"辞灶儿" [tsʰʅ²⁴tsaur⁵¹]，是小年儿（农历十二月二十三日）的重要祭祀活动。先把灶王爷的画像贴在灶台墙面上，摆上饺子、糖瓜儿供奉，然后上香把灶王爷请下来，送灶王爷"上天言好事"。现在这种仪式很少见了，甚至只剩下吃"糖瓜儿"了。

8-3 ◆东来街

8-2◆红旗西路

8-4◆宏业街

## 腊八蒜 [la⁵¹pa⁰san⁵¹]

指在腊八儿节当天，把剥好皮的大蒜瓣儿放入玻璃容器中，用白醋或米醋泡制密封，等到过年时就可以就着饺子吃了。泡好的蒜瓣儿颜色翠绿，口味偏酸微辣，具有解腻去腥、助消化的功效。

## 糖瓜儿 [tʰaŋ²⁴kuar³¹]

即由麦芽糖熬制成的祭灶糖，有南瓜球形的、长条形的。前者表面光滑，后者沾满芝麻，又叫芝麻糖。糖瓜儿口感酥甜，吃起来粘牙。

## 扫灰 [sau²⁴xuei³¹]

也叫"掸尘"[tan²¹tʂʰən²⁴]，腊月二十四要进行大扫除。"尘"与"陈"谐音，寓意将过去一年的霉运扫出门，寄托人们除旧立新的愿望。扫灰包括扫、擦、洗、刷等清扫活动。家里的男女老少都会被家庭主妇动员起来参与这项活动。

8-5◆星台街

## 置办年货 [tʂʅ⁵³pan⁵¹n̠ian²⁴xuə⁵¹]

指去年货大集购买过年的应时物品，包括吃穿用耍、干鲜生熟。大连的年货大集规模大，品种丰富，价格亲民，采购方便。

## 贴福字儿 [tʰiɛ²⁴fu²¹tsər⁵¹]

指的是腊月二十八要在门上等处贴福字。在大门、米缸等处要正贴，在水缸、垃圾桶等处可倒贴。

## 挂彩儿 [kua⁵¹tsʰɐr²¹³]

指的是贴春联时，在大门的上门框处、横批下面，挂贴五张不同颜色（红、黄、蓝、绿、粉）的小"福"字，寓意多财多福。

中国语言文化典藏

## 春联儿 [tsʰuən³¹liɚ²⁴]

又叫"对联儿" [tei⁵¹liɚ²⁴]、"楹联儿" [iŋ²⁴liɚ²⁴]，以对仗工整、简洁精巧的文字抒发美好愿望。大连人一般在腊月二十八开始贴春联儿，寓意辞旧迎新。过去讲究有神必贴，每门必贴。

## 挂红灯笼儿 [kua⁵¹xuŋ²⁴təŋ³¹lũɚ⁰]

指从除夕到元宵节，人们在家中和街上都有悬挂红灯笼儿的习俗。红灯笼儿渲染了红红火火的过年气氛，有辞旧迎新、红运当头、兴旺吉祥的寓意。

8-11◆红旗西路

## 剪窗花儿 [tɕian²¹tsʰuaŋ²⁴xuar³¹]

指过年前用红纸剪出各种各样寓意美好的图案，以便装点环境、渲染气氛，寄托辞旧迎新、接福纳祥的愿望。以前窗花儿主要是自己剪，现在一般是去商店买。

8-12◆河川街

## 年画儿 [nian²⁴xuar⁵¹]

始于古代的门神画。大都在新年时张贴，有祝福新年、吉祥喜庆、焕然一新之意。以前年画儿是在路边儿摆摊儿卖的，人物、山水、动植物，色彩鲜亮。现在在城市里比较少见。

## 门神像儿 [mən²⁴ʂən²⁴ɕiãr⁵¹]

农历新年贴于门上的一种画。画上人物多是秦琼和尉迟敬德。人们将其神像贴于门上，用以驱邪避鬼、卫家宅、保平安、助功利、降吉祥等。从前每到春节前夕，家家户户便忙碌起来，贴对联和门神，祈福来年。现在一般贴的是福字。

## 摆供儿 [pai²¹kũr⁵¹]

指在天地桌上摆上宗谱或祖先像。在香炉里点上香，用饺子和其他供品祭祖。

中国语言文化典藏

8-13◆宏业街

8-14◆河川街

## 上香祈福 [ʂaŋ⁵³ɕiaŋ³¹tɕʰi²¹fu²⁴]

指在春节或农历初一、十五等日期，市民到大连的横山寺等寺庙烧香拜佛，祈福求安。横山寺还特意为前来祈福的市民准备了全天多场佛经唱诵。

## 接财神 [tɕie³¹tsʰai²⁴ʂən²⁴]

指过年期间迎接财神的活动，希望财源广进。家中供奉了财神像的就对着神像摆好香案，点燃香烛，默念恭请财神归位。没有供奉财神像的，可以打开大门向某个方向排列供品，点燃香烛等，三拜奉请财神一起回家，迎接财神降临，祈求赐福赐财。

## 送神 [suŋ⁵¹ʂən²⁴]

春节期间的祭祀活动。农历正月初二的晚上，一般会把之前迎回家的神灵送走。送神时需要上香、烧纸、放鞭炮，祈求多福免灾。

8-18◆宏业街

## 包饺子 [pau³¹tɕiau²¹ə⁰]

春节的重要家庭活动之一。饺子是过年必吃的食物，全家人会围在一起剁馅儿、包饺子，其乐融融。饺子包有各种馅儿，把吉祥、喜气和寄托都包在里面了。过春节吃饺子除了辞旧迎新外，还因饺子状如元宝，又寓意招财进宝。

8-19◆宏业街

## 剁小人儿 [tuə⁵¹ɕiau²¹iər²⁴]

"破五" [pʰuə⁵¹u²¹³]正月初五的特殊活动，在这一天，家家户户吃饺子。剁饺子馅儿要使劲儿，菜板要剁得咚咚响，让四邻听见，民间寓意正在剁"小人" [ɕiau²¹in²⁴]专门背后害自己和家人的坏人，除掉小人来年才能大吉大利，一顺百顺。

8-22◆张辛路

## 花儿色馒头 [xuar³¹sɤ⁵¹man²⁴tʰəu⁰]

也有人叫"花儿馍儿" [xuar³¹mɤr²⁴]、"花饽饽" [xua³¹puə³¹puə⁰]，是做成植物、动物形状的花样馒头。其中动物类的有"圣虫" [ʂəŋ⁵¹tsʰuŋ⁰]，主要做成蛇、刺猬等形状，"圣"谐"生""剩""升"，寓意五谷丰登、生活富裕、步步高升。俗语有"一家蒸花馍四邻来帮忙"。以前，腊月二十三后很多人家要蒸各种各样的馒头，用来敬神和走亲戚。

中国语言文化典藏

8-20 ◆宏业街

## 黄米糕 [xuaŋ²⁴mi²⁴kau³¹]

一道以大黄米和红豆为主要原材料制成的甜点，常在年节食用，尤其是春节。又称"年年糕"[ȵian²⁴ȵian⁰kau³¹]，与"年年高"谐音，寓意工作和生活一年更比一年好。年年糕呈红、黄、白三色，象征金银财宝。

8-23 ◆红旗西路

## 炸麻花儿 [tsa²⁴ma²⁴xuar³¹]

由两三股发好的条状面拧在一起，用油炸制而成的面食。外层一般加芝麻和蜂蜜，又称芝麻蜂蜜大麻花，入口绵软香甜。若想吃脆的，就用戗面炸。炸麻花儿是大连"走油"[tsəu²¹iəu²⁴]过油炸的代表之一，是过年期间的常见配品。

## 枣儿饽饽 [tsaur²¹³puə³¹puə⁰]

指一种带有枣的馒头。春节时会蒸 15 个小的枣儿饽饽放在供奉祖先的地方，摆成 3 座大枣山。另外还会蒸一个大的枣儿饽饽，除夕夜"发纸"[fa²⁴tsʅ²¹³]烧纸时使用，因此也称为"发纸饽饽"，有"早点发财"之意，发完纸后要带回家。

8-24 ◆上海路

8-21 ◆红旗西路

## 炸丸子 [tsa²⁴uan²⁴ə⁰]

过年必吃的走油食品之一。一般用面粉、猪肉末和萝卜丝为主料油炸而成，故又称萝卜丝丸子。胡萝卜丝丸子和白萝卜丝丸子一般是咸味儿的。甜口儿的丸子有地瓜丸子。

8-25 ◆上海路

8-26 ◆黄河路

## 猪皮冻儿 [tʂu³¹pʰi²⁴tũr⁵¹]

年夜饭必备的下酒菜，最好是用自家过年烀猪肉时片下来的猪皮熬的猪皮冻儿，口感弹、滑、香、爽，配以酱汁，入口即化。

## 家焖黄花儿鱼 [tɕia²⁴mən³¹xuaŋ²⁴xuar³¹y²⁴]

年夜饭上的常见菜。家焖是大连人做鱼的常用方法。把黄花鱼处理干净后，锅里倒上油，葱姜蒜爆锅，配以酱油、黄酱、糖、料酒、花椒、大料，把鱼放到锅里先煎后炖。出锅前再撒上香菜，色香味俱全。年夜饭除了家焖黄花鱼，还可家焖鸦片鱼、多宝鱼等。

## 放鞭 [faŋ⁵³pian³¹]

春节期间重要的习俗，寓意辟邪趋吉、辞旧迎新。鞭炮多数在新年到来的时刻燃放，也有晚上吃饺子前燃放的。近年来，为了减少空气污染，提倡不放鞭炮、环保过大年。

8-27 ◆河川街

## 团圆饭 [tʰan²⁴yan²⁴fan⁵¹]

也有人叫"年夜饭"[ȵian²⁴iɛ⁵³fan⁵¹]，特指除夕的阖家聚餐。过去必备的四大菜有：炸丸子、焖鱼、豆腐、素菜，讲究的会准备汇聚了海参、鲍鱼、大虾、飞蟹等的海味儿全家福。主食多为饺子、花儿色馒头、黄米糕等。

## 长明灯 [tʂʰaŋ²⁴miŋ²⁴təŋ³¹]

指除夕守岁时持续点燃一整夜、不能熄灭的灯火。以前用油灯、蜡烛，现今多为电灯，也可以挂红灯笼儿。

## 给长辈磕头 [kei²¹tʂaŋ²¹pei⁵¹kʰɤ³¹tʰəu²⁴]

以前拜年时一种传统的行礼仪式。大年初一早上，要先给家里的长辈磕头，然后走街串巷给街坊邻居拜年。以前行的磕头礼，后来逐渐变成了鞠躬，现在一般只说拜年的祝福话。随着通信手段的现代化、网络的普及，多用电话、手机给亲朋好友拜年。

8-29 ◆红旗西路

8-30 ◆河川街

大连

捌·节日

8-31◆河川街

### 收压岁钱 [ʂəu³¹ia²¹suei⁵¹tɕʰian²⁴]

指晚辈春节时给长辈拜年后，收到的长辈给的红包。相传压岁钱可以压住邪祟，"岁"与"祟"谐音，晚辈儿收到压岁钱就可以平平安安度过一岁。压岁钱还有晚辈儿给老人的，这个压岁钱的"岁"指的是年岁，意在祝福健康长寿。

### 踩高跷 [tsʰai²¹kau²⁴tɕʰiau³¹]

节日期间民间的一种表演形式，常用坚硬有韧性的木头做上扁下圆的木棍和踏板，绑在腿上，踩在脚下边走边舞。舞者为保持全身平衡，双臂必须不停摆动，形成了潇洒漂亮的高跷秧歌，比在地上扭更有趣味，也更方便观众观看。

### 舞龙 [u²¹luŋ²⁴]

一种形式优美、内容丰富、表演技巧高超、民族色彩浓郁的文化活动，用来祈求平安和吉祥。辽南的舞龙透着粗犷和大气，舞动铿锵有力，和舞狮子一样是春节、元宵节必备的欢庆活动。

8-32◆王家屯

## 跑旱船 [pʰau²¹xan⁵¹tsʰuan²⁴]

　　一种模拟水中行船的民间歌舞表演形式。旱船是依照船的外观形状制成的木框。多在热闹的春节、元宵节演出。"大连年文化季"表演的跑旱船，歌词用的是大连方言，音乐曲调和装饰等具有辽南地域特征。

## 舞狮子 [u²⁴ʂʅ³¹ə⁰]

　　也有人叫"耍狮子"[sua²⁴ʂʅ³¹ə⁰]，是一种优秀的民间民俗文化表演活动，集娱乐、健身、喜庆于一身，经常和舞龙一起进行。辽南的舞狮技法和编排属于民间表演类型，具有地域特征，不同于竞技类舞狮。

### 扭秧歌儿 [n̠iəu²¹ian³¹kɤr⁰]

　　以前是庆新年、庆丰收的表演形式，现在也成为公园、广场上的一种锻炼形式。扭秧歌儿时，人们通常穿着艳丽的服装，手持彩色绸带，伴着欢快的唢呐和锣鼓声兴高采烈地边走边舞。

### 抖空竹 [təu²⁴kʰuŋ³¹tsu²⁴]

　　节日活动中常见的一种表演项目。本是庭院游戏，现在成为人们在公园等处锻炼身体的活动。分单轴和双轴两种，玩的时候，双手持竹棍儿，棍儿的顶端都系有线绳，将线轴绕在空竹上，一手提一手送，不断抖动，加速旋转时，有的空竹会发出鸣声。

中国语言文化典藏

8-37 ◆ 王家屯

## 敲锣鼓 [tɕʰiau³¹luə²⁴ku²¹³]

重大节日或庆典仪式中常见的表演活动。锣鼓是当地很普遍的民间打击乐器，节奏鲜明，特别能渲染气氛。

## 抖彩带 [təu²⁴tsʰai²¹tai⁵¹]

节日活动中的表演项目，也是人们在广场、公园等地的一项锻炼活动。手持一根木制或塑料材质的棍子，另一端是几米长的彩带，使彩带跟随手的动作抖动飘舞。

8-39 ◆ 王家屯

8-40◆星海广场

## 赏夜景儿 [ʂaŋ²¹iɛ⁵¹tɕiə̃r²¹³]

一种持续多年的观赏休闲娱乐活动。从临近春节到元宵节的夜晚，彩灯交相辉映，给大连这座浪漫城市披上了霓裳。各大广场流光溢彩，美轮美奂，主干路变成了银河。全家老小一起出动，或开车，或漫步，到各处赏灯拍照。灯光下笑声、祝福声不断，充满了喜气。

8-41◆红旗西路

## 回娘家 [xuei²⁴n̩iaŋ²⁴tɕia⁰]

一种传统的节日习俗，指大年初二，嫁出去的女儿要带上礼品回自己的父母家，夫婿要同行，给岳父岳母拜年。大连出嫁的女儿回娘家有讲究，礼品一般是四样儿，通常包括酒、点心、鱼和肉。

中国语言文化典藏

8-42◆青三街

## 灯会 [təŋ³¹xuei⁵¹]

　　一般指春节前后至元宵节时，由官方或民间举办的大型灯饰展览活动，并常常附带有一些民俗表演活动，极具传统性和地方特色。正月十五元宵节，大连有观赏花灯的习俗。

## 猜灯谜 [tsʰai²⁴təŋ³¹mi²⁴]

　　元宵节的特色活动。每逢农历正月十五，除了要挂起彩灯、燃放焰火外，还常把谜语写在纸条上，贴在空场地或五光十色的彩灯上，供人猜谜。

大连｜捌·节日

8-43◆中山路

## 吃元宵 [tʂʰɻ³¹yan²⁴ɕiau³¹]

元宵是元宵节必吃的食物。元宵的做法主要是"滚"[kuən²¹³],把馅料放在糯米粉中滚,形成圆球。元宵的吃法可水煮,也可油炸。

## 送灯儿 [suŋ⁵³tər³¹]

元宵节的一种祭祀活动。一般在元宵节的晚上,把各种元宝灯或花灯点亮,摆在路边或坟地路口,给祖先送灯儿主要表示家族后继有人,借送灯儿寄托哀思、祈求先辈保佑家人平安健康。现在,大连周边的农村还保留着送灯儿的习俗。

8-46◆大龙塘

## 扫墓 [sau²¹mu⁵¹]

也有人叫"上坟"[şaŋ⁵¹fən²⁴]。清明节去墓地祭拜故去的亲人。通常要带上鲜花、水果、纸钱等，表达对逝者的悼念。此外，在除夕、重阳节、中元节这几个节日，人们也要带着供品去上坟祭祖。这三个节日和清明节统称为"除清九盂"，是传统节日里扫墓祭祀的四大节日。

## 压纸 [ia⁵¹tsʅ²¹³]

也有人说"压坟头"[ia⁵¹fən²⁴tʰou²⁴]。即在逝者的坟头上或墓碑前压上一些烧纸。

## 禁火儿 [tɕin⁵¹xuər²¹³]

即禁止烟火。以前清明节等祭祀亲人时都要烧纸。现在为了生态环保，清明节一般不烧纸了，改用鲜花等祭祀。

8-47◆大龙塘

8-48◆大龙塘

265

8-49◆劳动公园

## 踏青 [tʰa²⁴tɕʰiŋ³¹]

一般指清明节前后到郊外散步游玩。

## 放风筝 [faŋ⁵¹fəŋ²⁴tsəŋ³¹]

一种常见于春季的休闲娱乐活动。每到春天，人们常去各个广场或公园放风筝。人气最旺的有星海广场、人民广场等。龙头蜈蚣、盘鹰、嫦娥奔月、立体帆船等各种风筝在空中盘旋，天空被点缀得绚烂多彩。

8-50◆星海广场

中国语言文化典藏

## 四 端午节

8-51◆宏业街

### 插艾蒿 [$ts^{h}a^{31}ai^{53}xau^{31}$]

端午节的一种习俗。大连人常把端午节说成 [$taŋ^{31}u^{0}$]。端午节当天将艾蒿插在门上，辟邪招福、祈求健康。桃枝也可和艾蒿一起插在门上。

### 挂马猴儿 [$kua^{51}ma^{21}xəur^{24}$]

指端午节时在门上挂一个用布缝制的猴子，即“马猴儿”。马猴儿手拿扫把，寓意将一切不祥之物全部扫地出门。

8-52◆钻石街

8-53 ◆宏业街

### 顶鸡蛋 [tiŋ²⁴tɕi³¹tan⁵¹]

　　端午节习俗之一。将两个煮好的鸡蛋，使其小头相对，用力互顶。以前在端午节的早上，父母会煮好鸡蛋，趁热在孩子的肚子上滚，民间认为可以驱虫祛毒。后来滚鸡蛋逐渐演变为顶鸡蛋，成了一种游戏。

8-54 ◆红旗西路

### 五彩绳儿 [u²⁴tsʰai²¹ʂə̃r²⁴]

　　端午节常戴的一种饰品，由五种颜色的线拧成一股，绑在手腕或脚踝上，寓意避病除鬼、不染病瘟。在端午节后下第一场大雨时，将其扔入水中顺水流走，寓意一年可顺顺利利。

8-55 ◆宏业街

### 包粽子 [pau³¹tsəŋ⁵¹ə⁰]

　　端午节的一种传统风俗。首先要准备好粽子叶，其次则是准备好糯米和其他馅料，然后一起置于粽叶中，再用线捆起来，放入锅中水煮。现在一般买成品回家蒸煮。

中国语言文化典藏

8-56◆海洋岛

## 开渔节 [kʰai³¹y²⁴tɕiɛ²⁴]

每年 9 月 1 日以开海打鱼为契机，立足于海洋保护，展示大连当地传统鱼文化的开海祭祀活动。当地的开渔节以长海县海洋岛太平湾的活动规模最大，场面十分壮观：码头上彩旗飘扬，锣鼓喧天，鞭炮齐鸣；海面上千桅林立，渔舟相竞。

## 祭海 [tɕi⁵¹xai²¹³]

渔民在每年 9 月 1 日开渔节上举行的隆重的祭祀活动。包括歌舞表演、放鞭炮、面朝大海行叩拜礼、祭祀海龙王等，以祈求一年风调雨顺，渔业丰收。

## 祭海贡品 [tɕi⁵¹xai²¹³kuŋ⁵¹pʰin²¹³]

指在"祭海"（见图 8-57）活动中使用的贡品，包括鱼馒头、福禄寿馒头、猪头、鸡、鲤鱼、各种水果等。

8-57◆海洋岛

8-58◆海洋岛

8-61 ◆西安路

## 春饼 [tsʰuən³¹piŋ²¹³]

当地人在农历二月初二必吃的食物，是用面粉烙制或蒸制的薄饼，一般要卷菜而食。大连地区的卷饼菜以熏肉、京酱肉丝、鱼香肉丝、炒土豆丝和韭菜、绿豆芽以及多种海鲜为主。

## 猪头肉 [tʂu³¹tʰəu²⁴iəu⁵¹]

也有人叫"猪头脸儿"[tʂu³¹tʰəu²⁴liɐr²¹³]，是猪头部的肉，是农历二月初二必吃的食物。

8-60 ◆红旗中路

## 剃龙头 [tʰi⁵¹luŋ²⁴tʰəu²⁴]

专指在农历二月初二这天理发。理发又叫"铰头"[tɕiau²¹tʰəu²⁴]（见图5-49）。因为有"二月二，龙抬头"的说法，所以每年二月二这一天铰头的人特别多，希望红运当头、福星高照。民间正月里则忌讳铰头，有"正月铰头死舅舅"的说法。

## 巧馃儿 [tɕʰiau²⁴kuər²¹³]

七夕节的特色食物。七夕节是农历七月初七，又叫乞巧节。这一天"卡巧馃儿"[kʰa²¹tɕʰiau²⁴kuər²¹³]制作巧馃儿、吃巧馃儿的习俗源自胶东。巧馃儿是将面粉、糖和鸡蛋混合揉匀，放入不同形状的小卡儿中制成的面食。给小孩子的巧馃儿可以用棉线穿成一圈儿，挂在脖子上，边玩儿边吃。

大连

捌·节日

8-63◆宏业街

## 鬼节 [kuei²⁴tɕiɛ²⁴]

通常指农历七月十五的中元节，也有人叫七月半或七月十五。节日习俗主要是祭祖、烧纸等，以追怀先人、敬祖尽孝。此外，鬼节还指农历十月初一，大连人叫"十月一" [ʂʅ²⁴yɛ⁵¹i²¹³]。

8-65◆宏业街

## 月饼 [yɛ⁵¹piŋ²¹³]

中秋节必吃的食物。月饼圆如八月十五的月亮，全家人分食，象征着团圆和睦。当地传统的老式月饼口感偏硬，馅儿是甜味的，有什锦馅儿和五仁馅儿等。

中国语言文化典藏

8-64 ◆星海湾（雪林摄）

## 赏月 [ʂaŋ²¹ yɛ⁵¹]

　　指在中秋节的夜晚，月亮最圆之时，全家人聚齐观赏月亮。在院落、阳台上露天设案，摆满苹果、葡萄、毛豆、月饼等。拜月后，边吃边聊，共赏圆月。大连有不少赏月的去处，海边、广场、湖畔等。

## 冬至 [tuŋ³¹ tsʐ⁵¹]

　　二十四节气之一。冬至后开始"数九" [ʂu²⁴ tɕiəu²¹³]，又称"交九" [tɕiau³¹ tɕiəu²¹³]，即每九天算一"九"，一直数到"九九"，共八十一天。当地人有冬至开始进补的习惯，通常吃海参滋补身体。

8-66 ◆中山路

273

### 桃花儿节 [tʰau²⁴xuar³¹tɕiɛ²⁴]

　　每年春季举办的以欣赏桃花为主题的文化活动。在复州城每年都举办桃花儿节。开幕式上还会组织非物质文化遗产项目展演，如：复州东北大鼓、皮影戏等。

### 樱花儿节 [iŋ²⁴xuar³¹tɕiɛ²⁴]

　　创始于1998年，是以樱花为媒介的休闲旅游节日。一般在每年的4月20日至5月10日举办。2009年，正式更名为中国大连国际樱花节。当地人每到此时，都喜欢结伴去龙王塘、旅顺203高地等处赏樱花。

中国语言文化典藏

## 赏槐会 [ʂaŋ²¹xuai²⁴xuei⁵¹]

始于 1989 年，是以槐花为媒介具有国际影响力的旅游节庆活动。大连有很多槐树，素有"东方槐城"之美誉。每年五月，街头巷尾的槐花就开成了洁白的世界，香气在山海间弥漫。劳动公园里的这棵百年老槐树（见图 8-69）树洞里长出了一棵小槐树，形成罕见的"槐抱子"[xuai²⁴pau⁵¹tsʅ²¹³]，谐音"怀抱子"，即怀中抱子。

8-69◆劳动公园

## 大连国际啤酒节 [ta⁵¹lian²⁴kuə²⁴tɕi⁵¹pʰi²⁴tɕiəu²¹tɕiɛ²⁴]

国内外知名啤酒品牌云集的行业盛会，也是夏季中外游客的狂欢盛会。中国国际啤酒节始于 1999 年，前三届在北京奥体中心举办，2002 年起移师大连，一般在 7 月末 8 月初举办。

8-70◆星海广场

　　口彩禁忌、俗语谚语、歌谣、戏剧、故事是方言文化的重要内容，是地方文化和民间智慧的结晶，主要以方言为载体，通过口耳进行传播，折射出鲜明的地域特色。大连特殊的移民历史和自然环境造就了大连独具特色的地域文化。

　　大连方言中的口彩禁忌、俗语谚语、歌谣、故事大多与海有关，包括渔事、海节气等。口彩是吉利话，禁忌语是在一定的场景中需要避讳的语言文字成分，用于替代禁忌语的话语是婉辞（委婉语）。俗语谚语内容丰富，大致按俗语、谚语、歇后语、谜语的顺序排列。大连的民间歌谣和民间故事非常丰富，庄河民歌、辽南民歌、庄河民间故事、长海民间故事等已被列入省或市级非物质文化遗产。本章主要收录广为人知的儿歌、童谣，同时增列具有大连特色的"渔歌"。限于篇幅，民间故事只能酌情选择收录。

　　本章不收图片，体例上与其他章有所不同。其中俗语谚语、歌谣、戏剧、故事几部分大致按句分行，每句先写汉字，再标国际音标，如需注释用小字加在句末。每个

中国语言文化典藏

玖·说唱表演

故事在最后附普通话意译。讲述故事时，语流音变现象（同化、异化、增音、弱化、脱落等）比较常见，本章完全依据讲述人的实际发音记录。凡表演唱词均不标声调。

　　大连常见的地方曲艺戏剧主要有复州东北大鼓、辽南二人转、皮影戏、木偶戏等，都先后被列入各级非物质文化遗产名录。其中复州东北大鼓是国家级非物质文化遗产。本章收录的唱段，是复州东北大鼓第六代传人（唯一的国家级传承人）陈世芳女士演唱的经典唱段《昭君出塞》。她用一把三弦琴、一面历尽三百年沧桑的书鼓，演绎世间百态，传承大鼓精髓。为有效地保护和传承复州东北大鼓这项国家级非物质文化遗产，坚守传统的同时，她在表演形式和创作内容上坚持发展创新，使复州东北大鼓这门古老艺术焕发出新的活力，受到更多观众的赞扬和喜爱。除此之外，还收录辽南二人转《青山绿水》选段。

　　由于受复州东北大鼓和辽南二人转流传过程的影响和说唱舞台表演的要求，唱段所用方言不是地道的大连方言，故记音时按实际发音记录，不标声调。

发糕 [fa²⁴kau³¹]

　　"发糕"是以糯米为主要材料制成的传统美食，重要节日都要吃，谐音"发财"的"发"、"高升"的"高"。

年年有鱼 [n̠ian²⁴n̠ian²⁴iəu²¹y²⁴]

　　过年时要吃鱼，象征年年有余。

肘子儿 [tsəu²¹tsər⁵¹]

　　过年时要吃红烧猪肘子，谐音"走字儿"，运气好。

寿材 [ʂəu⁵¹tsʰai⁰]

　　指棺材，尤其是老年人生前备下的棺材，民间认为提前准备好寿材是添寿。棺材铺也叫寿材铺。

岁岁平安 [suei⁵³suei⁵¹pʰiŋ²⁴an³¹]

　　过年期间，不小心把东西打碎时常说"岁岁平安"，"岁"谐"碎"音，图个吉利，同时缓解尴尬。

挣了 [tʂəŋ⁵¹lɤ⁰]

　　过年饺子煮破了，不能说"破"了，要说"挣了"，寓意"挣钱"。

红运当头 [xuŋ²⁴yn⁵¹taŋ³¹tʰəu²⁴]

　　一般身体受伤流血，说上一句"红（鸿）运当头"，以避免厄运。

中国语言文化典藏

有了 [iəu²¹lɤ⁰]

　　婉指怀孕。

富态 [fu⁵¹tʰai⁰]

　　是肥胖的婉称。

来事儿 [lai²⁴ʂər⁵¹]

　　婉称来例假，也称"大姨妈"[ta⁵¹i²⁴ma³¹]、"老朋友"[lau²¹pʰəŋ²⁴iəu⁰] 等。

走了 [tsəu²¹lɤ⁰]

　　是死的婉称。同类还有"不在了""老了""没了"等。

厨师的汤，唱戏的腔。[tʂʰu²⁴sɿ³¹tɤ⁰tʰaŋ³¹, tʂʰaŋ⁵³ɕi⁵¹tɤ⁰tɕʰiaŋ³¹]

指各个行当都有最关键、最拿手的项目。

的确良裤子，苞米面儿肚子。[ti³¹tɕʰyɛ⁰liaŋ²⁴kʰu⁵¹tsɿ⁰, pau³¹mi⁰miɐr⁵¹tu⁵¹tsɿ⁰]

指大连人更喜好穿衣打扮。

冬季海参进补，春天上山打虎。[tuŋ³¹tɕi⁵¹xai²⁴sən³¹tɕin⁵¹pu²¹³, tsʰuən²⁴tʰian³¹ʂaŋ⁵³san³¹ta²⁴xu²¹³]

大连人有从冬至开始吃海参进补的习俗，当地人认为从冬至进九开始每天吃一根海参，直到
九九的最后一天，正好是八十一根海参，能起到强身健体，滋阴润燥的功效。

东洋的女人西洋的楼，[tuŋ³¹iaŋ²⁴tɤ⁰ny²¹zən²⁴ɕi³¹iaŋ²⁴tɤ⁰ləu²⁴]
福山厨子的泰华楼。[fu²⁴san³¹tʂʰu²⁴tsɿ⁰tɤ⁰tʰai⁵¹xua²⁴ləu²⁴]

分别指大连的外国人、欧式建筑和有名的中国餐馆。

韭菜不怕割，蚬滩不怕翻。[tɕiəu²¹tsʰai⁵¹pu²⁴pʰa⁵¹ka²¹³, ɕian²⁴tʰan³¹pu²⁴pʰa⁵¹fan³¹]

指韭菜越割越旺，蚬滩越翻越多。

开店不怕大肚汉，[kʰai³¹tian⁵¹pu²⁴pʰa⁵¹ta⁵³tu⁵³xan⁵¹]
钓鱼就要放长线。[tiau⁵¹y²⁴tɕiəu⁵³iau⁵¹faŋ⁵¹tʂʰaŋ²⁴ɕian⁵¹]

指线抛得远抛得深，才有可能钓到大鱼。

老鼠怕猫，蟹怕虮蛸。[lau²⁴ʂu²¹³pʰa⁵³mau³¹, ɕiɛ⁵¹pʰa⁵¹pa³¹sau⁰] 虮蛸：八爪鱼

说明陆上和海里的动物都有天敌。

中国语言文化典藏

宁叫洋鱼打一针，不叫先生算一卦。[n̠iŋ⁵³tɕiau⁵¹iaŋ²⁴y²⁴ta²⁴iºtʂən³¹，pu²⁴tɕiau⁵¹ɕian³¹səŋºsuan⁵¹iºkua⁵¹]

　　洋鱼：赤魟。先生：先生鱼，即绒杜父鱼

　　赤魟、先生鱼均有毒针，后者的毒性比前者更大。因此当地渔民就说宁肯叫洋鱼刺到，也不能叫先生鱼刺到。

蛤儿蜊鲜到嘴，[kar²⁴liºɕian³¹tau⁵¹tsei²¹³]

扇贝鲜到心，[ʂan⁵³pei⁵¹ɕian³¹tau⁵³ɕin³¹]

下锅烂鲜到脚后跟。[ɕia⁵³kuə³¹lan⁵¹ɕian³¹tau⁵¹tɕyɛ²¹xəu⁵³kən⁵¹] 下锅烂：一种海菜

　　形容各种海鲜尤其是下锅烂特别鲜美。

加吉头，鲅鱼尾，[tɕia³¹tɕiºtʰəu²⁴，pa⁵¹y²⁴uei²¹³] 加吉：鲷鱼

刀鱼肚子，鳟鳟嘴。[tau³¹y²⁴tu²¹tsʅº，tsʰuən²⁴tsʰuənºtsei²¹³] 鳟鳟：鲾鱼

　　意思是说吃鱼是有讲究的，每种鱼好吃的部位不同。

开凌梭，卖黄鲈。[kʰai³¹liŋ²⁴suə³¹，mai⁵¹xuaŋ²⁴lu²¹³] 梭：指梭鱼

　　指初春解冻时节，梭子鱼、鲈鱼最鲜美。

冷水的蟹子味儿鲜，海养的虾子味儿美。[ləŋ²⁴suei²¹tɤºɕiɛ⁵¹tsʅºuər⁵³ɕian³¹，

xai²⁴iaŋ²¹tɤºɕia³¹tsʅºuər⁵¹mei²¹³]

　　指不同的生长环境会影响海鲜的品质。

秋吃蟹子，春吃鲈。[tɕʰiəu³¹tsʅ²⁴ɕiɛ⁵¹tsʅº，tsʰuən³¹tsʅʰ²⁴lu²¹³]

　　指吃螃蟹、鲈鱼等海鲜讲究时间、节气，别错过时节。

锄中有水，越铲越美；[tsʰu²⁴tsuŋ³¹iəu²⁴suei²¹³，yɛ⁵¹tsʰan²¹yɛ⁵¹mei²¹³]

锄中有火，越铲越得。[tsʰu²⁴tsuŋ³¹iəu²⁴xuə²¹³，yɛ⁵¹tsʰan²¹yɛ⁵¹tɤ³³]

　　形容在庄稼人心中，认真锄地是有好处的，土地自有回报。

多耥地不板 [tuə³¹tʰaŋ²¹ti⁵¹puºpan²¹³]

　　指多耥地，庄稼才能长得好。

干锄一遍荒，湿锄十遍荒。[kan³¹tsʰu²⁴i²⁴pian⁵³xuaŋ³¹, ʂʅ²¹tsʰu²⁴ʂʅ²⁴pian⁵³xuaŋ³¹]

指锄地要有干湿的区别，否则事倍功半。

晌午锄地强，草死庄稼长。[ʂaŋ²¹u²⁴tsʰu²⁴ti⁵¹tɕʰiaŋ²⁴, tsʰau²⁴sʅ²¹tsuaŋ³¹tɕia⁰tʂaŋ²¹³]

指锄地要选好时间。

海猫叫，大雨到。[xai²⁴mau³¹tɕiau⁵¹, ta⁵¹y²¹tau⁵¹] 海猫：海鸥

指海鸥与天气的关系。

泥鳅浮起，必定有雨。[ɳi²⁴tɕʰiəu³¹fu²⁴tɕʰi²¹³, pi⁵³tiŋ⁵¹iəu²⁴y²¹³]

气象谚语。

布谷鸟儿叫，鲅鱼要到。[pu⁵¹ku²⁴ɳiaur²¹tɕiau⁵¹, pa⁵¹y²⁴iau⁵³tau⁵¹]

谷雨前后布谷鸟叫是下海捕鲅鱼的好时候。

春过三天鱼北上，[tsʰuən³¹kuə⁵¹san²⁴tʰian³¹y²⁴pei²¹ʂaŋ⁵¹]
秋过三天鱼南行。[tɕʰiəu³¹kuə⁵¹san²⁴tʰian³¹y²⁴nan²⁴ɕiŋ²⁴]

指附近海中的鱼类春天有自南向北、秋天有自北向南游动的习性。

臭椿嘟噜嘴，廷＝巴＝来喝水。[tʂʰəu⁵³tsʰuən³¹tu³¹lu⁰tsei²¹³, tʰiŋ²⁴pa⁰lai²⁴xɣ³¹suei²¹³] 廷＝巴＝：河豚

指春天臭椿长出圆锥花穗儿的时候，是打捞河豚最好的时节。

大麦上扬，波螺儿上床。[ta⁵³mai⁵³ʂaŋ⁵¹iaŋ²⁴, pɣ³¹luər⁰ʂaŋ⁵¹tsʰuaŋ²⁴] 波螺儿：红里螺

每年的麦收季，就是红里螺涌现的时节。

葛子蹬腿儿，黄鱼张嘴。[kɣ²¹tsʅ⁰təŋ³¹tʰər²¹³, xuaŋ²⁴y²⁴tʂaŋ³¹tsei²¹³] 葛子：葛藤。葛子蹬腿儿：指葛藤春天发芽抽茎

指春天葛藤发芽抽茎的时节是捕捞黄鱼的最佳时机。

槐花开，刀鱼来。[xuai²⁴xua²⁴kʰai³¹, tau³¹y²⁴lai²⁴] 刀鱼：带鱼

每年五月槐花盛开的时候是打捞带鱼的好时节。

中国语言文化典藏

黄花儿满山开，鸦片靠岸来。[xuaŋ²⁴xuar³¹man²¹san²⁴kʰai³¹，ia²⁴pʰian⁵¹kʰau⁵³an⁵¹lai²⁴] 黄花儿：黄花菜，也叫

萱草、忘忧草。鸦片：牙鲆（鱼），也称牙片鱼

　　每年六七月份黄花菜盛开的时候，是捕捞鸦片鱼的最好时节。


凉水蛎子热水蛤儿 [liaŋ²⁴suei²¹li⁵¹tsʅ⁰iɛ⁵¹suei²¹kar²⁴]

　　指海蛎子冬天的肉肥，大蛤是夏天的肥美。


罗锅子抢寒食 [luə²⁴kuə³¹tsʅ⁰tɕʰiaŋ²¹xan²⁴sʅ²⁴] 罗锅子：虾爬子（皮皮虾）的形象说法

　　形容清明节过后是虾爬子大量上市的时间。


马莲一寸，蚆蛸一盆；[ma²¹lian²⁴i²¹tsʰən⁵¹，pa³¹sau⁰i²¹pʰən²⁴]
马莲开花儿，银针鱼回家。[ma²¹lian²⁴kʰai²⁴xuar³¹，in²⁴tʂən³¹y²⁴xuei²⁴tɕia³¹]

　　指马兰花的生长节奏和捕捞蚆蛸、银针鱼的时间相关。


麦子黄，蟹脚儿痒。[mai⁵¹tsʅ⁰xuaŋ²⁴，ɕiɛ⁵¹tɕiaur²⁴iaŋ²¹³]

　　形容麦子黄梢时，花蟹正肥壮。


麦子秀穗儿，海螺儿成对儿。[mai⁵¹tsʅ⁰ɕiəu⁵³suər⁵¹，xai²¹luər²⁴tʂʰən²⁴tər⁵¹]

　　麦子吐穗时，正是海螺繁殖的时节。


三月清明鱼在前，[san³¹yɛ⁵¹tɕʰiŋ³¹miŋ²⁴y²⁴tsai⁵¹tɕʰian²⁴]
二月清明鱼在后。[ɚ⁵³yɛ⁵¹tɕʰiŋ³¹miŋ²⁴y²⁴tsai⁵³xəu⁵¹]

　　强调清明节在农历二月和三月与出海时间的关系，清明前后要做好出海的准备。


三月三，鲈鱼上岸滩。[san³¹yɛ⁵³san³¹，lu²¹y²⁴ʂaŋ⁵³an⁵³tʰan³¹]

　　形容农历三月，春暖花开，正是鲈鱼游到河岸边产卵的时节。


四月里，开桃花儿，[sʅ⁵³yɛ⁵¹li⁰，kʰai³¹tʰau²⁴xuar³¹]
海参、鲍鱼岸上爬。[xai²⁴sən³¹，pau⁵¹y²⁴an⁵³ʂaŋ⁰pʰa²⁴]

　　农历四月是打捞海参、鲍鱼的时节。

桃花儿水翻，老板儿鱼鲜；[tʰau²⁴xuar³¹suei²⁴fan³¹，lau²⁴pɐr²¹y²⁴ɕian³¹]
菊花儿浪飞，毛腿儿蟹肥。[tɕy²⁴xuar³¹laŋ⁵³fei³¹，mau²⁴tʰər²¹ɕiɛ⁵¹fei²⁴]

　　这是渔民在长期的海上生产实践中，总结出的春天和秋天的鱼汛。

不顶千里浪，哪来的万斤鱼。[pu⁵¹tiŋ²¹³tɕʰian³¹li²¹laŋ⁵¹，na²¹lai²⁴tiº uan⁵³tɕin³¹y²⁴]

　　指有付出才有收获。

春天钓海湾儿，秋天钓海边儿。[tsʰuən²⁴tʰian³¹tiau⁵¹xai²⁴uɐr³¹，tɕʰiəu²⁴tʰian³¹tiau⁵¹xai²⁴piɐr³¹]

　　指根据鱼的习性选择垂钓的最佳地点。

蚧巴鱼张嘴不吃饵，[tɕɕiɛ⁵¹paºy²⁴tʂaŋ³¹tsei²¹³pu⁵³tʂʰʅ²⁴ɚ²¹³] 蚧巴鱼：鲅鱇鱼
鲅鱼起水不咬钩儿。[pa⁵¹y²⁴tɕʰi²⁴suei²¹³pu⁵¹iau²⁴kəur³¹]

　　当地人总结的钓鱼技巧。

南风蟹子北风虾 [nan²⁴fəŋ³¹ɕiɛ⁵¹tsʅºpei²⁴fəŋ²⁴ɕia³¹]

　　指南风和北风对捕捞蟹子和虾的影响。

绕边儿追鱼，迎头下网。[iau²⁴piɐr³¹tsuei³¹y²⁴，iŋ²⁴tʰəu²⁴ɕia⁵¹uaŋ²¹³]

　　指钓鱼、捕鱼的方法和技巧。

鳝鱼鬼，鳝鱼鬼，[ʂan⁵¹y²⁴kuei²¹³，ʂan⁵¹y²⁴kuei²¹³]
不到天黑不张嘴。[pu²⁴tau⁵³tʰian³¹xei²¹³pu⁵³tʂaŋ³¹tsuei²¹³]

　　指钓鳝鱼的时机。

中国语言文化典藏

哎嗨哟，[ai²⁴xai⁰iəu³¹]

哎嗨哟！[ai²⁴xai⁰iəu³¹]

哎嗨哟，[ai²⁴xai⁰iəu³¹]

哎嗨哟！[ai²⁴xai⁰iəu³¹]

西天上有黑云哪，[ɕi³³tʰian³³ʂaŋ⁰iəu²¹xei³³yn²⁴na⁰]

就要坏天啦。[tɕiəu⁵³iau⁵¹xuai⁵³tʰian³³la⁰]

伙计们快出铺哇，[xuə²¹tɕi⁰mən⁰kʰuai⁵³tʂʰu³³pʰu⁵¹ua⁰]

把桡来放倒吧，[pa²¹uei²⁴lai²⁴faŋ⁵¹tau²¹³pa⁰]

咱们保平安哪，[tsan²⁴mən⁰pau²¹pʰiŋ²⁴an³³na⁰]

大船又不晃啦，[ta⁵¹tsʰuan²⁴iəu⁵¹pu²⁴xuaŋ⁵¹la⁰]

风小就回家呀，[fəŋ³³ɕiau²¹tɕiəu⁵¹xuei²⁴tɕia³³ia⁰]

老婆一见高兴啊。[lau²¹pʰɤ⁰i²⁴tɕian⁵¹kau³³ɕiŋ⁵¹a⁰]

哎嗨哟，[ai²⁴xai⁰iəu³¹]

哎嗨哟！[ai²⁴xai⁰iəu³¹]

哎嗨哟，[ai²⁴xai⁰iəu³¹]

哎嗨哟。[ai²⁴xai⁰iəu³¹]

拔大桡号子。

哎嗨哟！[ai²⁴xai⁰iəu³¹]

哎嗨哟！[ai²⁴xai⁰iəu³¹]

哎嗨哟！[ai²⁴xai⁰iəu³¹]

哎嗨哟！[ai²⁴xai⁰iəu³¹]

用力气呀！[yŋ⁵³li⁵¹tɕʰi⁰ia⁰]

把船拉呀！[pa²¹tʂʰuan²⁴la³³ia⁰]

拉上海滩呀，[la³³ʂaŋ⁰xai²⁴tʰan³³ia⁰]

好回家呀！[xau²¹xuei²⁴tɕia³³ia⁰]

老娘儿们儿啊，[lau²¹n̠iãr²⁴mər⁰a⁰]

在家等啊，[tsai⁵³tɕia³³təŋ²¹³a⁰]

又炒菜来又焖虾呀，[iəu⁵¹tsʰau²¹tsʰai⁵¹lai⁰iəu⁵¹mən³³ɕia³³ia⁰]

年年盼呀，十冬腊，[n̠ian²⁴n̠ian²⁴pʰan⁵¹ia⁰，ʂʅ²⁴tuŋ³³la⁵¹]

咱能捞着守住家呀，[tsan²⁴nəŋ²⁴lau²⁴tʂau⁰ʂəu²¹tʂu⁵¹tɕia³³ia⁰]

媳妇儿一见心欢喜呀，[ɕi²⁴fur⁰i²⁴tɕian⁵¹ɕin³³xuan³³ɕi²¹³ia⁰]

被窝儿一搂呀，笑哈哈呀！[pei⁵¹uər³³i⁵¹ləu²¹³ia⁰，ɕiau⁵¹xa³³xa³³ia⁰]

哎哟嘿！[ai²⁴iəu⁰xei³¹]

嗨哟嘿！[xai³¹iəu⁰xei³¹]

嗨哟嘿！[xai³¹iəu⁰xei³¹]

嗨哟嘿！[xai³¹iəu⁰xei³¹]

    拉船号子。

哎嗨哟，[ai²⁴xai⁰iəu³¹]

哎嗨哟！[ai²⁴xai⁰iəu³¹]

使把劲儿呀，快拔锚呀！[ʂʅ²⁴pa²¹tɕiər⁵¹ia⁰，kʰuai⁵¹pa²⁴mau²¹³ia⁰]

拔起锚来好上流啊。[pa²⁴tɕʰi²⁴mau²¹³lai⁰xau²¹ʂaŋ⁵¹liəu⁵¹a⁰]

撒下网来再睡觉呀。[sa³³ɕia⁵¹uaŋ²¹³lai⁰tsai⁵¹suei⁵³tɕiau⁵¹ia⁰]

养好神儿呀，有力气呀！[iaŋ²⁴xau²¹ʂər²⁴ia⁰，iəu²¹li⁵¹tɕʰi⁰ia⁰]

中国语言文化典藏

哎嗨哟，[ai²⁴xai⁰iəu³¹]

哎嗨哟。[ai²⁴xai⁰iəu³¹]

哎嗨哟，[ai²⁴xai⁰iəu³¹]

哎嗨哟。[ai²⁴xai⁰iəu³¹]

　　拔锚号子。

哎嗨哟，[ai²⁴xai⁰iəu³¹]

哎嗨哟，[ai²⁴xai⁰iəu³¹]

使劲儿拽呀，把篷撑啊！[ʂʅ²¹tɕiər⁵¹tsuai⁵¹ia⁰，pa²¹pʰəŋ²⁴tʂʰəŋ²¹³a⁰]

乘上风啊，快下网啊，[tʂʰəŋ²⁴ʂaŋ⁵³fəŋ³³a⁰，kʰuai⁵³ɕia⁵¹uaŋ²¹³a⁰]

多捞鱼虾好换粮啊，[tuə³³lau²⁴y²⁴ɕia³³xau²¹xuan⁵¹liaŋ²⁴a⁰]

全家老少饱肚肠啊。[tɕʰyan²⁴tɕia³³lau²¹ʂau⁵¹pau²¹³tu⁵¹tʂʰaŋ²⁴a⁰]

嗨哟嘿，[xai³¹iəu⁰xei³¹]

嗨哟嘿，[xai³¹iəu⁰xei³¹]

嗨哟嘿，[xai³¹iəu⁰xei³¹]

嗨哟嘿……[xai³¹iəu⁰xei³¹]

　　撑篷号子。

哎嗨哟！[ai²⁴xai⁰iəu³¹]

哎嗨哟！[ai²⁴xai⁰iəu³¹]

摇起那个轱辘儿呀，[iau²⁴tɕʰi²¹na⁵³kɤ⁰ku²⁴lur⁰ia⁰]

滴滴溜溜儿转。[ti³³ti⁰liəu³³liəur⁰tʂuan⁵¹]

叫声那个伙计们哪，[tɕiau⁵¹ʂəŋ³³na⁵³kɤ⁰xuə²¹tɕi⁰mən²⁴na⁰]

快快降下帆哪！[kʰuai⁵¹kʰuai⁰tɕiaŋ⁵³ɕia⁵¹fan²⁴na⁰]

大伙儿加把劲儿啊，[ta⁵¹xuər²¹³tɕia³³pa²¹tɕiər⁵¹a⁰]

赶快把网上啊！[kan²¹kʰuai⁵¹pa²⁴uaŋ²¹³ʂaŋ⁵¹a⁰]

这网拉的鱼呀，[tʂɤ⁵¹uaŋ²¹³la³³tɤ⁰y²⁴ia⁰]

定能装满船哪！[tiŋ⁵¹nəŋ²⁴tʂuaŋ³¹man²¹tsʰuan²⁴na⁰]

嗨哟嗨！[xai³¹iəu⁰xai³¹]

嗨哟嗨！[xai³¹iəu⁰xai³¹]

嗨哟嗨！[xai³¹iəu⁰xai³¹]

嗨哟嗨！[xai³¹iəu⁰xai³¹]

上网号子。

船上诸神有神灵，[tsʰuan²⁴ʂaŋ⁰tʂu³¹ʂən²⁴iəu²¹ʂən²⁴liŋ²⁴]

俺把喜歌儿念几声，[an²⁴pa²¹ɕi²⁴kɤr³¹n̡ian⁵¹tɕi²⁴ʂəŋ³¹]

船头无浪行千里，[tsʰuan²⁴tʰəu²⁴u²⁴laŋ⁵¹ɕiŋ²⁴tɕʰian³¹li²¹³]

舵后生风送万程。[tuə⁵³xəu⁵¹ʂəŋ²⁴fəŋ³¹suŋ⁵¹uan⁵¹tʂʰəŋ²⁴]

九曲三弯随舵转，[tɕiəu²⁴tɕʰy²¹³san²⁴uan³¹suei²⁴tuə⁵¹tsuan²¹³]

五湖四海任舟行，[u²¹xu²⁴sʅ⁵¹xai²¹³zən⁵¹tʂəu³¹ɕiŋ²⁴]

宝船载着有福人，[pau²¹tsʰuan²⁴tsai⁵¹tʂɤ⁰iəu²⁴fu²¹zən²⁴]

人船平安海太平。[zən²⁴tsʰuan²⁴pʰiŋ²⁴an³¹xai²¹tʰai⁵¹pʰiŋ²⁴]

行船喜歌。

海猫子嗷儿嗷儿叫，[xai²⁴mau³¹tsʅ⁰aur²⁴aur⁰tɕiau⁵¹]

闯海哥哥回来啦。[tsʰuaŋ²⁴xai²¹³kɤ³¹kɤ⁰xuei²⁴lai²⁴la⁰]

抹新房儿扎花轿，[muə²¹ɕin³¹far²⁴tsa²⁴xua³¹tɕiau⁵¹]

嘟嘟嗒嗒放花炮。[tu³¹tu⁰ta³¹ta⁰faŋ⁵¹xua³¹pʰau⁵¹]

入洞房媳妇儿笑，[y²¹tuŋ⁵¹faŋ²⁴ɕi²¹fur⁰ɕiau⁵¹]

叽叽嘎嘎整夜闹。[tɕi³¹tɕi⁰ka²⁴ka⁰tʂəŋ²¹iɛ⁵³nau⁵¹]

情歌。

大将军八面威风，[ta⁵³tɕiaŋ³¹tɕyn⁰pa²¹mian⁵¹uei²⁴fəŋ³¹]

二将军开路先锋，[ɚ⁵¹tɕiaŋ³¹tɕyn⁰kʰai³¹lu⁵¹ɕian²⁴fəŋ³¹]

三将军协力相助，[san³¹tɕiaŋ³¹tɕyn⁰ɕiɛ²⁴li⁵¹ɕiaŋ³¹tsu⁵¹]

四将军顺风相送，[sʅ⁵¹tɕiaŋ³¹tɕyn⁰suən⁵³fəŋ³¹ɕiaŋ³¹suŋ⁵¹]

五将军撑船鼓篷，[u²¹tɕiaŋ³¹tɕyn⁰tsʰəŋ²¹tsʰuan²⁴ku²¹pʰəŋ²⁴]

桅将军行船立功，[uei³¹tɕiaŋ³¹tɕyn⁰ɕiŋ²⁴tsʰuan²⁴li⁵³kuŋ³¹]

风浪里安然稳行，[fəŋ³¹laŋ⁵¹li²¹³an³¹ian²⁴uən²¹ɕiŋ²⁴]

大海中任你驰骋。[ta⁵¹xai²⁴tsuŋ³¹zən⁵¹ɳi²¹tʂʅ²⁴tʂʰəŋ²⁴]

　　出海歌。

赶海老婆跑得欢，[kan²⁴xai²¹lau²¹pʰɤ⁰pʰau²¹tɤ⁰xuan³¹]

拐着小筐儿一溜烟儿，[kuai²¹tʂɤ⁰ɕiau²⁴kʰuãr³¹i²⁴liəu⁵³iɐr³¹]

趿破鞋衣露肩，[tɕi⁵³pʰuə⁵¹ɕiɛ²⁴i³¹ləu⁵³tɕian³¹]

蹲在礁石腚朝天。[tən³¹tsai⁵³tɕiau³¹sʅ²⁴tiŋ⁵¹tʂʰau²⁴tʰian³¹]

大海啊大海不敢闯，[ta⁵¹xai²¹³a⁰ta⁵¹xai²¹³pu⁵¹kan²⁴tsʰuaŋ²¹³]

打碗儿蛎子尝尝鲜。[ta²⁴uɐr²¹³li⁵¹tsʅ⁰tʂʰaŋ²⁴tʂʰaŋ⁰ɕian³¹]

赶海老婆乐颠颠，[kan²⁴xai²¹lau²¹pʰɤ⁰lɤ⁵¹tian²⁴tian⁰]

骑着摩托冒青烟儿，[tɕʰi²⁴tʂɤ⁰muə²⁴tʰuə⁰mau⁵¹tɕʰiŋ²⁴iɐr³¹]

嘟嘟嘟嘟跑得快，[tu³¹tu³¹tu³¹tu⁰pʰau²¹ti⁰kʰuai⁵¹]

踩着潮印儿下海滩。[tsʰai²¹tʂɤ⁰tʂʰau²⁴iɐr⁵¹ɕia⁵¹xai²⁴tʰan³¹]

哼着曲儿谈着天儿，[xəŋ³¹tʂɤ⁰tɕʰyər²¹³tʰan²⁴tʂɤ⁰tʰiɐr³¹]

换上水衣浪里蹿。[xuan⁵¹ʂaŋ⁰suei²⁴i³¹laŋ⁵¹li⁰tsʰuan³¹]

　　赶海谣。

家住海沿儿乐逍遥，[tɕia³¹tʂu⁵¹xai²⁴iɐr³¹lɤ⁵¹ɕiau³¹iau²⁴]

腚坐炕上望海潮，[tiŋ⁵¹tsuə⁵³kʰaŋ⁵¹ʂaŋ⁰uaŋ⁵¹xai²¹tʂʰau²⁴]

涨潮摇橹把鱼打，[tʂaŋ²¹tʂʰau²⁴iau²⁴lu²¹³pa²¹y²⁴ta²¹³]

落潮赶海挖虮蛸。[luə⁵¹tʂʰau²⁴kan²⁴xai²¹³ua³¹pa³¹sau⁰]

俺家住这好几代，[an²⁴tɕia³¹tʂu⁵³tʂɤ⁵¹xau²⁴tɕi²¹tai⁵¹]

出门儿大海招人爱，[tʂʰu²¹mər²⁴ta⁵¹xai²¹³tʂau³¹in²⁴ai⁵¹]

有心要想上边外，[iəu²⁴ɕin³¹iau⁵¹ɕiaŋ²¹³ʂaŋ⁵¹pian³¹uai⁵¹]

舍不得蛎子熬酸菜。[ʂɤ²¹puʰ⁰tɤ²⁴li⁵¹tsɿ⁰au²⁴san³¹tsʰai⁵¹]

　　渔歌。

一曲渔歌儿飞上天，[i²⁴tɕʰy²¹³y²⁴kɤr³¹fei³¹ʂaŋ⁵³tʰian³¹]

肚里渔歌儿万万千，[tu⁵¹li⁰y²⁴kɤr³¹uan⁵³uan⁵³tɕʰian³¹]

海南海北跑八趟，[xai²¹nan²⁴xai²⁴pei²¹³pʰau²⁴pa²¹tʰaŋ⁵¹]

渔歌儿撒在海天间。[y²⁴kɤr³¹sa²¹tsai⁵¹xai²⁴tʰian³¹tɕian³¹]

人人夸俺渔歌儿多，[zən²⁴zən²⁴kʰua³¹an²¹³y²⁴kɤr³¹tuə³¹]

还有渔歌儿未唱完，[xai²⁴iəu²¹y²⁴kɤr³¹uei⁵³tʂʰaŋ⁵¹uan²⁴]

问我何时能唱尽，[uən⁵¹uə²¹xɤ²⁴ʂɿ²⁴nəŋ²⁴tʂʰaŋ⁵³tɕin⁵¹]

渔歌儿不息代代传。[y²⁴kɤr³¹pu⁵¹ɕi²⁴tai⁵¹tai⁰tsʰuan²⁴]

　　渔歌。

开渔喽，开渔喽，[kʰai y ləu, kʰai y ləu]

鞭炮响，马达唱，[pian pʰau ɕiaŋ, ma ta tʂʰaŋ]

海洋岛上喜洋洋，[xai iaŋ tau ʂaŋ ɕi iaŋ iaŋ]

渔家欢庆开渔节，[y tɕia xuan tɕʰiŋ kʰai y tɕiɛ]

万船竞发奔渔场。[uan tʂʰuan tɕiŋ fa pən y tʂʰaŋ]

号子碾平千层浪，[xau tsɿ ȵian pʰiŋ tɕʰian tsʰəŋ laŋ]

远海近海渔火旺，[yan xai tɕin xai y xuə uaŋ]

海鸥欢叫伴我飞，[xai əu xuan tɕiau pan uə fei]

中国语言文化典藏

耕海牧渔斗志昂，[kəŋ xai mu y təu tʂʅ aŋ]

撒下渔家美好的希望，[sa ɕia y tɕia mei xau ti ɕi uaŋ]

海洋牧场谱新章。[xai iaŋ mu tʂʰaŋ pʰu ɕin tʂaŋ]

回头望，是家乡，[xuei tʰəu uaŋ, ʂʅ tɕia ɕiaŋ]

父母嘱托记心房，[fu mu tʂu tʰuə tɕi ɕin faŋ]

为了渔家好日子儿，[uei lɤ y tɕia xau zʅ tsər]

铺水盖浪也荣光。[pʰu ʂuei kai laŋ iɛ zuŋ kuaŋ]

捕捞养殖两手强，[pu lau iaŋ tʂʅ liaŋ ʂəu tɕʰiaŋ]

海面水底任我闯，[xai mian ʂuei ti zən uə tʂʰuaŋ]

现代渔业新一辈，[ɕian tai y iɛ ɕin i pei]

科学养殖好清爽，[kʰɤ ɕyɛ iaŋ tʂʅ xau tɕʰiŋ ʂuaŋ]

收获渔家金色的梦想，[ʂəu xuə y tɕia tɕin sɤ ti məŋ ɕiaŋ]

海洋牧场创辉煌。[xai iaŋ mu tʂʰaŋ tʂʰuaŋ xuei xuaŋ]

    开渔歌。

潮退八分枯，[tʂʰau²⁴tʰei⁵¹pa²⁴fən³¹kʰu³¹]

海面平乎乎；[xai²¹mian⁵¹pʰiŋ²⁴xu³¹xu⁰]

早潮快如马，[tsau²¹tʂʰau²⁴kʰuai⁵¹zu²⁴ma²¹³]

晚潮慢如猪。[uan²¹tʂʰau²⁴man⁵¹zu²⁴tʂu³¹]

    潮汐歌。

月亮上东山，[yɛ⁵¹liaŋ⁰ʂaŋ⁵¹tuŋ²⁴san³¹]

潮水涨满滩；[tʂʰau²⁴suei²¹³tʂaŋ²¹man²⁴tʰan³¹]

潮涨八分儿满儿，[tʂʰau²⁴tʂaŋ²¹³pa²⁴fər³¹mɐr²¹³]

急流变平缓。[tɕi²⁴liəu⁵¹pian⁵¹pʰiŋ²⁴xuan²¹³]

    潮汐歌。

初五二十正晌满，[tsʰu³¹u²¹³ɚ˙⁵¹ʂʅ²⁴tʂəŋ⁵¹ʂaŋ²⁴man²¹³]

十二十三儿正晌干。[ʂʅ²⁴ɚ˙⁵¹ʂʅ²⁴sɐr³¹tʂəŋ⁵¹ʂaŋ²⁴kan³¹]

十八九儿两头有儿，[ʂʅ²⁴pa²⁴tɕiəur²¹³liaŋ²¹tʰəu⁰iəur²¹³]

初五六两头儿凑。[tsʰu³¹u²¹liəu⁵¹liaŋ²¹tʰəur⁰tsʰəu⁵¹]

潮汐歌。

中国语言文化典藏

马至宜阳懒加鞭，[ma tʂʅ i iaŋ lan tɕia pian]

昭君出塞和北番。[tʂau tɕyn tʂʰu sai xɤ pei fan]

哭泣泣离了哇西岐水，[kʰu tɕʰi tɕʰi li liau ua ɕi tɕʰi ʂuei]

止不住回头啊望长安。[tʂʅ pu tsu xuei tʰəu a uaŋ tʂʰaŋ an]

望不见长安城一座，[uaŋ pu tɕian tʂʰaŋ an tʂʰəŋ i tsuə]

望不见九门和九关。[uaŋ pu tɕian tɕiəu mən xɤ tɕiəu kuan]

望不见九九啊，[uaŋ pu tɕian tɕiəu tɕiəu a]

八十一间金銮殿，[pa ʂʅ i tɕian tɕin luan tian]

望不见一双父母老年残。[uaŋ pu tɕian i ʂuaŋ fu mu lau ɳian tsʰan]

望不见刘王万岁爷，[uaŋ pu tɕian liəu uaŋ uan suei iɛ]

望不见合朝哇文武官。[uaŋ pu tɕian xɤ tʂau ua uən u kuan]

望不见御儿啊皇殿下，[uaŋ pu tɕian y ɚ a xuaŋ tian ɕia]

望不见东宫西宫姐妹相连。[uaŋ pu tɕian tuŋ kuŋ ɕi kuŋ tɕiɛ mei ɕiaŋ lian]

宫娥彩女齐来送，[kuŋ ɤ tsʰai ɳy tɕʰi lai suŋ]

只哭得玉石琵琶断了弦。[tɕiɛ kʰu tɤ y ʂʅ pʰi pa tuan liau ɕian]

文武百官齐来送，[uən u pai kuan tɕi lai suŋ]

只哭得铁石人闻也痛酸哪。[tɕiɛ kʰu tɤ tʰiɛ ʂʅ zən uən iɛ tʰuŋ suan na]

这娘娘有语开言眼泪落，[tʂɤ ɳiaŋ ɳiaŋ iəu y kʰai ian ian lei luə]

叫众卿听我说良言，[tɕiau tʂuŋ tɕʰiŋ tʰiŋ uə ʂuə liaŋ ian]

想当初无盐娘娘生得丑，[ɕiaŋ taŋ tʂʰu u ian ɳiaŋ ɳiaŋ ʂəŋ tɤ tʂʰəu] 无盐娘娘：指齐国无盐邑

的钟离春，自幼喜欢舞枪弄棒，有军事才能，但因长得丑一直嫁不出去

她与齐王定江山。[tʰa y tɕʰi uaŋ tiŋ tɕiaŋ ʂan]

哀家我虽然生得美俊哪，[ai tɕia uə suei zan ʂəŋ tɤ mei tɕyn na]

才惹得鞑王来犯边，[tsʰai zɤ tɤ ta uaŋ lai fan pian]

恨只恨奸贼毛延寿，[xən tʂʅ xən tɕian tsei mau ian ʂəu]

最不该将哀家图像献北番。[tsuei pu kai tɕiaŋ ai tɕia tʰu ɕiaŋ ɕian pei fan]

北国鞑王一见心欢喜呀，[pei kuə ta uaŋ i tɕian ɕin xuan ɕi ia]

差一个熊掌都督来犯边。[tʂʰai i kɤ ɕyŋ tʂaŋ tu tu lai fan pian]

咱朝软弱难抵挡，[tsan tʂʰau zuan zuə nan ti taŋ]

才把哀家献北番。[tsʰai pa ai tɕia ɕian pei fan]

在路行走非一日，[tsai lu ɕiŋ tsəu fei i zʅ]

这一日来到了雁门关，[tʂɤ i zʅ lai tau liau ian mən kuan]

走一山又一山，山山不断，[tsəu i ʂan iəu i ʂan，ʂan ʂan pu tuan]

走一岭又一岭哪，路相连，[tsəu i liŋ iəu i liŋ na，lu ɕiaŋ lian]

只听得冰冷冷，咕咚咚顽石掐对儿，[tʂʅ tʰiŋ tɤ piŋ ləŋ ləŋ，ku tuŋ tuŋ uan ʂʅ tɕʰia tuər]

翻滚滚哗啦啦哪水崩山湾，[fan kuən kuən xua la la na ʂuei pəŋ ʂan uan]

歪曲曲咔嚓嚓松柏树倒，[uai tɕʰy tɕʰy kʰa tʂʰa tʂʰa suŋ pai ʂu tau]

扑棱棱秃噜噜哪野鸟飞旋。[pʰu ləŋ ləŋ tʰu lu lu na iɛ ɲiau fei ɕyan]

大三把小三把俱是荒火，[ta san pa ɕiau san pa tɕy ʂʅ xuaŋ xuə]

小猴子在树上是跳跳钻钻。[ɕiau xəu tsʅ tsai ʂu ʂaŋ ʂʅ tʰiau tʰiau tsuan tsuan]

娘娘行走心害怕，[ɲiaŋ ɲiaŋ ɕiŋ tsəu ɕin xai pʰa]

不由得一阵心痛酸。[pu iəu tɤ i tʂən ɕin tʰuŋ suan]

娘娘摧马往前走，[ɲiaŋ ɲiaŋ tsʰuei ma uaŋ tɕʰian tsəu]

黑河不远哪在面前，[xei xɤ pu yan na tsai mian tɕʰian]

鞑王带兵来接见，[ta uaŋ tai piŋ lai tɕiɛ tɕian]

只听得劈拉号嗃呗呗响，[tʂʅ tʰiŋ tɤ pʰi la xau tʰau pei pei ɕiaŋ]

叫喊连天。[tɕiau xan lian tʰian]

王氏昭君把船上，[uaŋ ʂʅ tsau tɕyn pa tʂuan ʂaŋ]

恰巧大雁哪落身边，[tɕʰia tɕʰiau ta ian na luə ʂən pian]

撕下裙布把血书写，[sʐ ɕia tɕʰyn pu pa çyɛ ʂu ɕiɛ]

纵身跳进了黑河间，[tsuŋ ʂən tʰiau tɕin liau xei xɤ tɕian]

为保和平把身献，[uei pau xɤ pʰiŋ pa ʂən ɕian]

忠贞烈女哪美名传。[tʂuŋ tʂən liɛ ȵy na mei miŋ tʂʰuan]

到后来宾鸿大雁捎书信，[tau xəu lai pin xuŋ ta ian ʂau ʂu ɕin]

中原报仇发来军就把鞑子歼。[tʂuŋ yan pau tʂʰəu fa lai tɕyn tɕiəu pa ta tsʐ tɕian]

　　复州东北大鼓《昭君出塞》选段。复州东北大鼓是一种流传在辽南的传统民间艺术，属于东北大鼓的一个支脉，多年来已形成浓郁的地方特色并深受当地老百姓欢迎。陈世芳女士是国家级非物质文化遗产复州东北大鼓的第六代传承人，她在坚守传统的同时，坚持在表演形式和演唱内容上创新发展。这里所选的《昭君出塞》唱段是由陈世芳女士编写整理的，描述了昭君的美貌、离别的痛苦、边关的遥远，颂扬了她为救国救民远离中原、舍生取义的精神。本唱段文字根据陈世芳女士现场演出记录并核对。


（鸭嫂子：）鸭嫂我呀倒骑驴儿啊，[ia sau uə ia tau tɕʰi lyər a]

装着鸭蛋哪去赶集儿啊，[tʂuaŋ tʂɤ ia tan na tɕʰy kan tɕiər a]

去赶集儿啊，[tɕʰy kan tɕiər a]

如今赶上啊，赶上了好日子儿啊，[ʐu tɕin kan ʂaŋ a, kan ʂaŋ liau xau ʐʅ tsər a]

越奔越觉得，越觉得一包劲儿啊。[yɛ pən yɛ tɕyɛ tɤ, yɛ tɕyɛ tɤ i pau tɕiər a]

（梁老板：）提醒路上人儿，[tʰi ɕiŋ lu ʂaŋ zər a]

吓倒了前面的儿倒骑驴儿啊。[çia tau liau tɕʰian mian tiər tau tɕʰi lyər a]

哎呀，大妹子，摔伤没呀？大妹子，[ai ia, ta mei tsʐ, ʂuai ʂaŋ mei ia? ta mei tsʐ]

（鸭嫂子：）你干什么一个劲儿地按喇叭，俺头一天骑倒骑驴儿。[ȵi kan ʂən mɤ i kɤ tɕiər ti ən la pa, an tʰəu i tʰian tɕʰi tau tɕʰi lyər]

你想给俺吓死吗？幸亏俺刹闸快。[ȵi ɕiaŋ kei an çia sʐ ma? çiŋ kʰuei an sa tsa kʰuai]

（梁老板：）大妹子，我按喇叭啊是想提醒您，这，[ta mei tsʐ, uə an la pa a ʂʅ ɕiaŋ tʰi ɕiŋ ȵin, tʂɤ]

哎呀，快看看，这鸭蛋碎没碎？[ai ia, kʰuai kʰan kʰan, tʂɤ ia tan suei mei suei]

（鸭嫂子：）碎你赔呀？[suei ȵi pʰei ia]

（梁老板：）我赔，我赔。[uə pʰei, uə pʰei]

（鸭嫂子：）不是吹，就是掉地地皮儿碎，俺的鸭蛋都不碎。[pu ʂʅ tsʰuei, tɕiəu ʂʅ tiau ti ti pʰiər sei, an ti ia tan təu pu sei]

（梁老板：）哎呀，你不是拐筐卖咸鸭蛋的鸭嫂吗！[ai ia, ȵi pu ʂʅ kuai kʰuaŋ mai ɕian ia tan tɤ ia sau ma]

鸭嫂，是我，不认识啦？[ia sau, ʂʅ uə, pu zən ʂʅ la]

（鸭嫂子：）哎呀，你这不是梁老板吗？[ai ia, ȵi tʂɤ pu ʂʅ liaŋ lau pan ma]

（梁老板：）是我。[ʂʅ uə]

（鸭嫂子：）哎，你说你咋还开上小货车了呢，你那宝驴儿呢？[ai, ȵi ʂuə ȵi tsa xai kʰai ʂaŋ ɕiau xuə tʂʰɤ lɤ nɤ, ȵi na pau lyər nɤ]

（梁老板：）宝驴儿？那叫宝马。[pau lyər？ na tɕiau pau ma]

（鸭嫂子：）哈哈，宝马宝马，你说你放着宝马你不开，[xa xa, pau ma pau ma, ȵi ʂuə ȵi faŋ tʂɤ pau ma ȵi pu kʰai]

你开个小货车干什么？[ȵi kʰai kɤ ɕiau xuə tʂʰɤ kan ʂən mɤ]

欠外债啦？被抵押啦？哈哈，你是掉了价啦，背心改裤衩啦？哈哈。[tɕʰian uai tʂai la？ pei ti ia la？ xa xa, ȵi ʂʅ tiau lɤ tɕia la, pei ɕin kai kʰu tʂʰa la？ xa xa]

（梁老板：）什么呀，我开这个车呀是为了装鸭蛋方便。[ʂən mɤ ia, uə kʰai tʂɤ kɤ tʂʰɤ ia ʂʅ uei lɤ tʂuaŋ ia tan faŋ pian]

哎鸭嫂，我买过您的咸鸭蛋，您没忘吧？[ai ia sau, uə mai kuə ȵin tɤ ɕian ia tan, ȵin mei uaŋ pa]

（鸭嫂子：）没忘没忘，哎，俺那鸭蛋好吃不？[mei uaŋ mei uaŋ, ai, an na ia tan xau tʂʰʅ pu]

（梁老板：）好吃，这好吃的没有抗啊！[xau tʂʰʅ, tʂɤ xau tʂʰʅ tɤ mei iəu kʰaŋ a]

你家的咸鸭蛋裹着绿皮儿啊，[ȵi tɕia tɤ ɕian ia tan kuə tʂɤ ly pʰiər a]

剥开皮儿那蛋清白得像粉皮儿，[pa kʰai pʰiər na tan tɕʰiŋ pai tɤ ɕiaŋ fən pʰiər]

吃了蛋清吃了蛋黄儿，[tʂʰʅ liau tan tɕʰiŋ tʂʰʅ liau tan xuãr]

那蛋黄儿红彤彤的儿还滚油珠儿。[na tan xuãr xuŋ tʰuŋ tʰuŋ tiər xai kuən iəu tʂur]

滚油珠儿，滚油珠儿，[kuən iəu tʂur, kuən iəu tʂur]

现在我妻子儿这有孕在身儿，[ɕian tsai uə tɕʰi tsər tʂɤ iəu yn tsai ʂər]

就想吃鸭蛋找嫂子儿，找嫂子儿，[tɕiəu ɕiaŋ tʂʰʅ ia tan tʂau sau tsər, tʂau sau tsər]

你也不用去赶集儿，[ȵi iɛ pu yŋ tɕʰy kan tɕiər]

中国语言文化典藏

你车上的鸭蛋三箱装我的车里儿啊。[ɲi tʂʰɤ ʂaŋ ti ia tan san ɕiaŋ tʂuaŋ uə tɤ tʂʰɤ liər a]

（鸭嫂子：）啊，你全包了？不是，可是俺都答应人家了。[a, ɲi tɕʰyan pau lɤ？ pu ʂɿ, kʰɤ ʂɿ an təu ta iŋ ʐən tɕia lɤ]

（梁老板：）哎，鸭嫂，这我不先来的吗？[ai, ia sau, tʂɤ uə pu ɕian lai tɤ ma]

哎，这三箱鸭蛋一共多少斤？[ai, tʂɤ san ɕiaŋ ia tan i kuŋ tuə ʂau tɕin]

（鸭嫂子：）啊，六十斤。[a, liəu ʂɿ tɕin]

（梁老板：）六十斤，这五块钱一斤，是五六……[liəu ʂɿ tɕin, tʂɤ u kʰuai tɕʰian i tɕin, ʂɿ u liəu]

（鸭嫂子：）哎，那是以前的价，现在啊，这个数。[ai, na ʂɿ i tɕʰian tɤ tɕia, ɕian tsai a, tʂɤ kɤ ʂu]

（梁老板：）这不还是五块吗？[tʂɤ pu xai ʂɿ u kʰuai ma]

（鸭嫂子：）一个。[i kɤ]

（梁老板：）啥？五块钱一个？你这可是高抬物价，这我可以举报你。[ʂa？ u kʰuai tɕʰian i kɤ？ ɲi tʂɤ kʰɤ ʂɿ kau tʰai u tɕia, tʂɤ uə kʰɤ i tɕy pau ɲi]

（鸭嫂子：）你就是物价局的人来买俺的咸鸭蛋，[ɲi tɕiəu ʂɿ u tɕia tɕy tɤ ʐən lai mai an ti ɕian ia tan]

它也是五块钱一个，走嘞。[tʰa iɛ ʂɿ u kʰuai tɕʰian i kɤ, tsəu lei]

（梁老板：）哎哎哎，鸭嫂，鸭嫂，你们家的鸭蛋哪是好，[ai ai ai, ia sau, ia sau, ɲi mən tɕia tɤ ia tan na ʂɿ xau]

你可卖这么高的价，那你得说出个道道来，[ɲi kʰɤ mai tʂɤ mɤ kau tɤ tɕia, na ɲi tei ʂuə tʂʰu kɤ tau tau lai]

你别说是五块钱一个，你就是五十块钱一个我也买！[ɲi piɛ ʂuə ʂɿ u kʰuai tɕʰian i kɤ, ɲi tɕiəu ʂɿ u ʂɿ kʰuai tɕʰian i kɤ uə iɛ mai]

（鸭嫂子：）我唱给你听！[uə tʂʰaŋ kei ɲi tʰiŋ]

我的村儿啊生态村儿啊哎，[uə tɤ tsʰuər a ʂəŋ tʰai tsʰuər a ai]

有山有水哎有树林儿。[iəu ʂan iəu ʂuei ai iəu ʂu liər]

望不到边大湿地儿，[uaŋ pu tau pian ta ʂɿ tiər]

形容它，哎哎哎哎你用啥词儿？[ɕiŋ ʐuŋ tʰa, ai ai ai ai ɲi yŋ ʂa tsʰər]

（梁老板：）用啥词儿啊用啥词儿？[yŋ ʂa tsʰər a yŋ ʂa tsʰər]

我肚里没墨水儿，我肚里没墨水儿。[uə tu li mei muə ʂuər, uə tu li mei muə ʂuər]

（鸭嫂子：）天然的聚宝盆儿，[tʰian zən ti tɕy pau pʰər]

百姓的钱匣子儿啊。[pai ɕiŋ ti tɕʰian ɕia tsər a]

（梁老板：）耗子啃碗你句句咬词儿，[xau tsʅ kʰən uan ni tɕy tɕy iau tsʰər]

好像文化人儿，好像文化人儿！[xau ɕiaŋ uən xua zər, xau ɕiaŋ uən xua zər]

（鸭嫂子：）那湿地儿啊真神奇儿啊哎，[na ʂʅ tiər a tʂən ʂən tɕʰiər a ai]

有虾有鱼儿哎有蟹子儿，[iəu ɕia iəu yər ai iəu ɕie tsər]

听不够的雁鸣春儿，[tʰiŋ pu kəu ti ian miŋ tʂʰuər]

描写它，哎哎哎哎你用啥词儿？[miau ɕie tʰa, ai ai ai ai ni yŋ ʂa tsʰər]

（梁老板：）用啥词儿啊用啥词儿？[yŋ ʂa tsʰər a yŋ ʂa tsʰər]

我急得拍脑门儿，我急得拍脑门儿！[uə tɕi ti pʰai nau mər, uə tɕi ti pʰai nau mər]

（鸭嫂子：）生灵的保护地儿，[ʂəŋ liŋ ti pau xu tiər]

万物的命根子儿啊。[uan u ti miŋ kən tsər a]

（梁老板：）不蒸馒头争口气儿，[pu tʂəŋ man tʰəu tʂəŋ kʰəu tɕʰiər]

好有文化水儿，好有文化水儿。[xau iəu uən xua ʂuər, xau iəu uən xua ʂuər]

（鸭嫂子：）我家养鸭一群儿群儿啊，[uə tɕia iaŋ ia i tɕʰyər tɕʰyər a]

湿地里显武艺儿啊；[ʂʅ ti li ɕian u iər a]

好扎猛爱潜底儿啊，[xau tʂa məŋ ai tɕʰian tiər a]

吃小虾吞小鱼儿啊；[tʂʰʅ ɕiau ɕia tʰuən ɕiau yər a]

还跟仙鹤亮过翅儿，[xai kən ɕian xɤ liaŋ kuə tʂʰər]

敢跟大雁抢过食儿。[kan kən ta ian tɕʰiaŋ kuə ʂər]

鸭子长得真精神儿，[ia tsʅ tʂaŋ ti tʂən tɕiŋ ʂər]

你听听乐不乐人儿啊？[ni tʰiŋ tʰiŋ lɤ pu lɤ zər a]

（梁老板：）乐乐乐，真是乐死人儿，[lɤ lɤ lɤ, tʂən ʂʅ lɤ sʅ zər]

恨不能飞到你的大湿地儿，大湿地儿！[xən pu nəŋ fei tau ni ti ta ʂʅ tiər, ta ʂʅ tiər]

（鸭嫂子：）大鸭蛋穿绿衣儿啊，[ta ia tan tʂʰuan ly iər a]

（梁老板：）是双黄带红心儿啊；[ʂʅ ʂuaŋ xuaŋ tai xuŋ ɕiər a]

中国语言文化典藏

（鸭嫂子：）吃一口鲜满嘴儿啊，[tʂʰi kʰəu ɕian man tsuər a]

（梁老板：）吃两口香舌根儿啊；[tʂʰ liaŋ kʰəu ɕiaŋ ʂɤ kər a]

（鸭嫂子：）一个鸭蛋吃肚里儿，[i kɤ ia tan tʂʰ tu liər]

（梁老板：）打个饱嗝带香味儿。[ta kɤ pau kɤ tai ɕiaŋ uər]

（鸭嫂子：）香味鲜气都提神儿，[ɕiaŋ uei ɕian tɕi təu tʰi ʂər]

你说说哏儿呀哏儿不哏儿啊，[ɲi ʂuə ʂuə kər ia kər pu kər a]

哏儿呀哏儿不哏儿啊？[kər ia kər pu kər a]

（梁老板：）哏儿哏儿哏儿，特别哏儿，[kər kər kər，tʰɤ piɛ kər]

馋得我满嘴往外流口水儿，[tʂʰan ti uə man tsuei uaŋ uai liəu kʰəu ʂuər]

往外流口水儿啊。[uaŋ uai liəu kʰəu ʂuər a]

（合：）大鸭蛋哪，稀罕人儿啊，[ta ia tan na，ɕi xan zər a]

纯绿色，还有机儿；[tʂʰuən ly sɤ，xai iəu tɕiər]

清肺热，补脾虚儿，[tɕʰiŋ fei zɤ，pu pʰi ɕyər]

养肝血，强肾气儿；[iaŋ kan ɕiɛ，tɕʰiaŋ ʂən tɕʰiər]

还能补钙壮身体儿，[xai nəŋ pu kai tʂuaŋ ʂən tʰiər]

还能美颜白肤皮儿，[xai nəŋ mei ian pai fu pʰiər]

营养不输小海参儿。[iŋ iaŋ pu ʂu ɕiau xai ʂər]

（鸭嫂子：）你说说五元钱值不值啊，值呀值不值啊。[ɲi ʂuə ʂuə u yan tɕʰian tʂʅ pu tʂʅ a，tʂʅ ia tʂʅ pu tʂʅ a]

（梁老板：）值值值，五元值，[tʂʅ tʂʅ tʂʅ，u yan tʂʅ]

别怪我见识不多乱较真儿，乱较真儿啊！[piɛ kuai uə tɕian ʂʅ pu tuə luan tɕiau tʂər，luan tɕiau tʂər a]

（鸭嫂子：）这回，你服了？[tʂɤ xuei，ɲi fu lɤ]

（梁老板：）彻底服了，绿水青山金饭碗哪！[tʂʰɤ ti fu lɤ，ly ʂuei tɕʰiŋ ʂan tɕin fan uaŋ na]

（鸭嫂子：）对！有了村儿里的大湿地，才有咱家家的绿色的大鸭蛋！[tuei！iəu lɤ tsʰuər li ti ta ʂʅ ti，tsʰai iəu tsan tɕia tɕia ti ly sɤ ti ta ia tan]

（梁老板：）说得好！鸭嫂，那这三箱鸭蛋我全包了！[ʂuə ti xau！ia sau，na tʂɤ san ɕiaŋ ia tan uə tɕʰyan pau lɤ！]

（鸭嫂子：）行！[ɕiŋ]

（梁老板：）把你这"倒骑驴"抬上车，我送你回家。[pa ȵi tʂɤ tau tɕʰi ly tʰai ʂaŋ tʂʰɤ, uə suŋ ȵi xuei tɕia]

（鸭嫂子：）好嘞！[xau lei]

（合：）调转头，踩油门儿，[tiau tʂuan tʰəu, tsʰai iəu mər]

大道锃亮没灰尘儿。[ta tau tʂəŋ liaŋ mei xuei tʂˇ ər]

三台满乡海岛村儿，[san tʰai man ɕiaŋ xai tau tsʰuər]

片片湿地地生金儿。[pʰian pʰian ʂ̩ ti ti ʂəŋ tɕiər]

富裕后人心齐儿，[fu y xəu zən ɕin tɕʰiər]

爱地就像爱子孙儿。[ai ti tɕiəu ɕiaŋ ai tsɿ suər]

绿水青山大湿地儿，[ly ʂuei tɕʰiŋ ʂan ta ʂ̩ tiər]

子子孙孙，哎，聚宝盆儿，聚宝盆儿，哎嗨！[tsɿ tsɿ suən suən, ai, tɕy pau pʰər, tɕy pau pʰər, ai xai]

　　辽南二人转《青山绿水》选段。东北二人转的东南西北四个流派，各有特点，有"南靠浪，北靠唱，西讲板头，东耍棒"的说法。辽南二人转属于东北二人转的南派。所谓"浪"，是指扮相俏美，二人的舞蹈也讲究身段动作的优美。近年来辽南二人转创作了一大批反映新生活、格调健康、明朗向上的作品。《青山绿水》选段是金佳蕊、颜培波表演的辽南二人转，叙述了生态村鸭嫂赶集卖鸭蛋的故事，描述了绿水青山好环境带来的金饭碗、富裕生活。该表演曾获得辽宁群星奖精品节目。

牛郎和织女 [ɲiəu²⁴laŋ²⁴xɤ²⁴tʂʅ³¹ɲy²¹³]

在古时候，[tsai⁵¹ku²¹ʂʅ²⁴xəu⁰]

有一个小伙儿，[iəu²¹i²⁴kɤ⁰ɕiau²⁴xuər²¹³]

父母双亡，孤苦伶仃，[fu⁵¹mu²¹suaŋ³¹uaŋ²⁴，ku³¹kʰu²¹liŋ²⁴tiŋ⁰]

家中只有一头老牛，[tɕia²⁴tsuŋ³¹tʂʅ²⁴iəu²¹i⁵¹tʰəu²⁴lau²¹ɲiəu²⁴]

人们管他叫牛郎。[zən²⁴mən⁰kuan²¹tʰa⁰tɕiau⁵¹ɲiəu²⁴laŋ²⁴]

这牛郎靠和老牛种地为生，[tʂɤ⁵¹ɲiəu²⁴laŋ²⁴kʰau⁵¹xɤ²⁴lau²¹ɲiəu²⁴tsuŋ⁵³ti⁵¹uei²⁴ʂəŋ³¹]

终日里和老牛是相依为命，[tsuŋ³¹ʐʅ⁵¹li²¹³xɤ²⁴lau²¹ɲiəu²⁴ʂʅ⁵³ɕiaŋ²⁴i³¹uei²⁴miŋ⁵¹]

待这个老牛就像自己的家人。[tai⁵¹tʂɤ⁵¹kɤ⁰lau²¹ɲiəu²⁴tɕiəu⁵³ɕiaŋ⁵¹tsʅ⁵¹tɕi²¹ti⁰tɕia³¹zən²⁴]

其实啊，这个老牛是天上的金牛星。[tɕʰi²¹ʂʅ²⁴a⁰，tsɤ⁵¹kɤ⁰lau²¹ɲiəu²⁴ʂʅ⁵³tʰian³¹ʂaŋ⁵¹ti⁰tɕin³¹ɲiəu²⁴ɕiŋ³¹]

它喜欢牛郎勤劳、善良，[tʰa³¹ɕi²⁴xuan³¹ɲiəu²⁴laŋ²⁴tɕʰin²⁴lau⁰，ʂan⁵¹liaŋ⁰]

就想帮他成个家。[tɕiəu⁵¹ɕiaŋ²⁴paŋ³¹tʰa⁰tʂʰəŋ²⁴kɤ⁰tɕia³¹]

这一天，它得到了消息，[tʂɤ⁵¹i²⁴tʰian³¹，tʰa³¹tɤ²⁴tau⁰lɤ⁰ɕiau³¹ɕi⁰]

说是天上的仙女儿，[ʂuə³¹ʂʅ⁵¹tʰian³¹ʂaŋ⁰ti⁰ɕian³¹ɲyər²¹³]

要到村东边儿的湖边去洗澡儿。[iau⁵³tau⁵¹tsʰuən³¹tuŋ²⁴piər³¹ti⁰xu²⁴pian³¹tɕʰy⁵¹ɕi²⁴tsaur²¹³]

它就托梦告诉牛郎说：[tʰa³¹tɕiəu⁵¹tʰuə³¹mən⁵¹kau⁵³su⁵¹ɲiəu²⁴laŋ²⁴ʂuə³¹]

"牛郎啊，明天啊，[ɲiəu²⁴laŋ²⁴a⁰，miŋ²⁴tʰian³¹a⁰]

你到村东那个湖边去，[ɲi²¹tau⁵¹tsʰuən³³tuŋ³¹na⁵¹kɤ⁰xu²⁴pian³¹tɕʰy⁵¹]

看到仙女儿在洗澡，[kʰan⁵¹tau⁰ɕian³¹ɲyər²¹³tsai⁵¹ɕi²⁴tsau²¹³]

你就把她们挂在树上的衣服，[ɲi²¹tɕiəu⁵¹pa²¹tʰa³¹mən⁰kua⁵³tsai⁵¹ʂu⁵¹ʂaŋ⁰tɤ⁰i³¹fu⁰]

取走一件，不要回头，跑回家去，[tɕʰy²⁴tsəu²¹³i²⁴tɕian⁵¹，pu²⁴iau⁵¹xuei²⁴tʰəu²⁴，
pʰau²¹xuei²⁴tɕia³¹tɕʰy⁰]

你就能得到一个仙女儿啊，做妻子。" [n̠i²¹tɕiəu⁵¹nəŋ²⁴tɤ²⁴tau⁵¹i²⁴kɤ⁵¹ɕian³¹n̠yər²¹³a⁰，tsuə⁵¹tɕʰi³¹tsʅ⁰]

第二天，牛郎半信半疑，[ti⁵³ɚ⁵¹tʰian³¹，n̠iəu²⁴laŋ²⁴pan⁵³ɕin⁵¹pan⁵¹i²⁴]

他走到村东边的湖边，一看，[tʰa³¹tsəu²¹tau⁵¹tʂʰuən³³tuŋ²⁴pian³¹tɤ⁰xu²⁴pian³¹，i²⁴kʰan⁵¹]

朦朦胧胧中，果然有七个仙女儿在戏水儿。[məŋ²⁴məŋ⁰luŋ²⁴luŋ⁰tsuŋ³¹，kuə²¹z̥an²⁴iəu²⁴tɕʰi²¹kɤ⁰ɕian³¹n̠yər²¹³tsai⁵³ɕi⁵¹suər²¹³]

他抓起树上挂的一件粉红色的衣服，[tʰa³¹tsua³¹tɕʰi²¹³su⁵¹ʂaŋ⁰kua⁵¹ti⁰i²⁴tɕian⁵¹fən²¹xuŋ²⁴sɤ⁵¹tɤ⁰i³¹fu⁰]

头也不回，飞快地跑回家去。[tʰəu²⁴iɛ²¹pu⁵¹xuei²⁴，fei³¹kʰuai⁵¹ti⁰pʰau²¹xuei²⁴tɕia³¹tɕʰy⁰]

这丢衣服的仙女儿就是织女。[tʂɤ⁵¹tiəu³¹i³¹fu⁰ti⁰ɕian³¹n̠yər²¹³tɕiəu⁵³sʅ⁵¹tʂʅ²⁴n̠yər²¹³]

当天的晚上，织女儿就悄悄地敲开了牛郎的家门，[taŋ²⁴tʰian³¹ti⁰uan²¹ʂaŋ⁰，tʂʅ²⁴n̠yər²¹³tɕiəu⁵¹tɕʰiau²⁴tɕʰiau⁰ti⁰tɕʰiau³¹kʰai⁰lɤ⁰n̠iəu²⁴laŋ²⁴tɤ⁰tɕia³¹mən²⁴]

两个人做起了恩爱夫妻。[liaŋ²¹kɤ⁰zən²⁴tsuə⁵¹tɕʰi⁰lɤ⁰ən³¹ai⁵¹fu²⁴tɕʰi³¹]

一转眼儿，三年过去了。[i⁵¹tsuan²⁴iɐr²¹³，san³¹n̠ian²⁴kuə⁵¹tɕʰy⁰lɤ⁰]

牛郎和织女生了一儿一女两个孩子，[n̠iəu²⁴laŋ²⁴xɤ²⁴tʂʅ²⁴n̠y²¹³səŋ³¹lɤ⁰i²¹ɚ²⁴i⁵¹n̠y²¹³liaŋ²¹kɤ⁵¹xai²⁴tsʅ⁰]

一家人和和美美过得很是开心。[i²⁴tɕia³¹zən²⁴xɤ²⁴xɤ²⁴mei²⁴mei²¹³kuə⁵¹tɤ⁰xən²¹sʅ⁵¹kʰai²⁴ɕin³¹]

但是，这织女儿私自下凡的事儿，[tan⁵³sʅ⁵¹，tʂɤ⁵¹tʂʅ²⁴n̠yər²¹³sʅ³¹tsʅ⁵¹ɕia⁵¹fan²⁴tɤ⁰ʂər⁵¹]

突然被玉皇大帝知道了。[tʰu³¹zan²⁴pei⁵¹y⁵¹xuaŋ²⁴ta⁵³ti⁵¹tʂʅ³¹tau⁵¹lɤ⁰]

他是极为震怒啊！[tʰa³¹sʅ⁵¹tɕi²⁴uei²⁴tʂən⁵³nu⁵¹a⁰]

这一天，天空中电闪雷鸣，[tʂɤ⁵¹i²⁴tʰian³¹，tʰian²⁴kʰuŋ³¹tsuŋ³¹tian⁵¹ʂan²¹lei²⁴miŋ²⁴]

又是大风又是大雨，[iəu⁵³sʅ⁵³ta⁵³fəŋ³¹iəu⁵³sʅ⁵³ta⁵¹y²¹³]

突然间，织女儿就不见了。[tʰu³¹zan²⁴tɕian³¹，tʂʅ²⁴n̠yər²¹³tɕiəu⁵¹pu²⁴tɕian⁵¹lɤ⁰]

两个孩子啊哭着喊着找妈妈，[liaŋ²¹kɤ⁰xai²⁴tsʅ⁰a⁰kʰu³¹tʂɤ⁰xan²¹tʂɤ⁰tsau²⁴ma³¹ma⁰]

牛郎急得是满头是汗，[n̠iəu²⁴laŋ²⁴tɕi²⁴ti⁰sʅ⁵¹man²¹tʰəu²⁴sʅ⁵³xan⁵¹]

不知道如何是好。[pu²⁴tʂʅ³¹tau⁰zu²⁴xɤ²⁴sʅ⁵¹xau²¹³]

就在这时候儿啊，突然那个老牛说话了，[tɕiəu⁵³tsai⁵¹tʂɤ⁵¹sʅ²⁴xəur⁰a⁰，tʰu³¹zan²⁴na⁵¹kɤ⁰lau²¹n̠iəu²⁴ʂuə³¹xua⁵¹la⁰]

"牛郎啊，你快把我头上的角拿下来，[n̠iəu²⁴laŋ²⁴a⁰，n̠i²¹kʰuai⁵¹pa²¹uə²¹tʰəu²⁴ʂaŋ⁰ti⁰tɕia²¹³na²⁴ɕia⁵¹lai⁰]

它能变成两个箩筐，带上你的两个孩子，[tʰa³¹nəŋ²⁴pian⁵¹tʂʰəŋ²⁴liaŋ²¹kɤ⁰luə²⁴kʰuaŋ³¹，tai⁵³ʂaŋ⁵¹n̠i²¹ti⁰liaŋ²¹kɤ⁰xai²⁴tsʅ⁰]

中国语言文化典藏

赶快去上天追你的织女儿去吧。” [kan$^{21}$k$^{h}$uai$^{51}$tɕ$^{h}$y$^{51}$ʂaŋ$^{53}$t$^{h}$ian$^{31}$tsuei$^{31}$ȵi$^{21}$ti$^{0}$tʂʅ$^{24}$ȵyər$^{21}$tɕ$^{h}$y$^{0}$pa$^{0}$]

牛郎一听，（觉得很）奇怪。[ȵiəu$^{24}$laŋ$^{24}$i$^{24}$t$^{h}$iŋ$^{31}$，tɕ$^{h}$i$^{24}$kuai$^{51}$]

这时候儿呢，牛头上的角突然就掉了下来，[tʂɤ$^{51}$ʂʅ$^{24}$xəur$^{0}$nɤ$^{0}$，ȵiəu$^{24}$t$^{h}$əu$^{24}$ʂaŋ$^{0}$ti$^{0}$tɕiau$^{213}$t$^{h}$u$^{31}$ʐan$^{24}$ tɕiəu$^{51}$tiau$^{51}$lɤ$^{0}$ɕia$^{51}$lai$^{0}$]

真就变成了两个箩筐。[tʂən$^{31}$tɕiəu$^{51}$pian$^{51}$tʂ$^{h}$əŋ$^{24}$lɤ$^{0}$liaŋ$^{21}$kɤ$^{0}$luə$^{24}$k$^{h}$uaŋ$^{31}$]

牛郎赶紧挑起两个孩子往外跑去，[ȵiəu$^{24}$laŋ$^{24}$kan$^{24}$tɕin$^{213}$t$^{h}$iau$^{31}$tɕ$^{h}$i$^{21}$liaŋ$^{21}$kɤ$^{0}$xai$^{24}$tsʅ$^{0}$uaŋ$^{21}$uai$^{51}$p$^{h}$au$^{21}$ tɕ$^{h}$y$^{0}$]

只见一阵清风吹来，[tʂʅ$^{21}$tɕian$^{51}$i$^{24}$tʂən$^{51}$tɕ$^{h}$iŋ$^{24}$fəŋ$^{31}$ts$^{h}$uei$^{31}$lai$^{24}$]

那两只箩筐真的轻轻飘飘地飞起来了。[na$^{51}$liaŋ$^{24}$tʂʅ$^{31}$luə$^{24}$k$^{h}$uaŋ$^{31}$tʂən$^{31}$tɤ$^{0}$tɕ$^{h}$iŋ$^{24}$tɕ$^{h}$iŋ$^{0}$p$^{h}$iau$^{24}$p$^{h}$iau$^{0}$tɤ$^{0}$ fei$^{31}$tɕ$^{h}$i$^{21}$lai$^{24}$lɤ$^{0}$]

牛郎就追啊追，眼看就追上织女了，[ȵiəu$^{24}$laŋ$^{24}$tɕiəu$^{51}$tsuei$^{31}$a$^{0}$tsuei$^{31}$，ian$^{21}$k$^{h}$an$^{51}$tɕiəu$^{51}$tsuei$^{53}$saŋ$^{51}$ tʂʅ$^{24}$ȵy$^{213}$lɤ$^{0}$]

就在这时候儿呢，被王母娘娘发现了。[tɕiəu$^{51}$tsai$^{0}$tʂɤ$^{51}$ʂʅ$^{24}$xəur$^{0}$nɤ$^{0}$，pei$^{51}$uaŋ$^{24}$mu$^{21}$ȵiaŋ$^{24}$ȵiaŋ$^{0}$fa$^{21}$ ɕian$^{51}$lɤ$^{0}$]

这个王母娘娘从头上拔下了一把金钗，[tʂɤ$^{53}$kɤ$^{51}$uaŋ$^{24}$mu$^{21}$ȵiaŋ$^{24}$ȵiaŋ$^{0}$ts$^{h}$uŋ$^{24}$t$^{h}$əu$^{24}$ʂaŋ$^{51}$pa$^{24}$ɕia$^{51}$lɤ$^{0}$i$^{24}$ pa$^{21}$tɕin$^{24}$ts$^{h}$ai$^{31}$]

在牛郎和织女的中间恶狠狠地一划，[tsai$^{51}$ȵiəu$^{24}$laŋ$^{24}$xɤ$^{24}$tʂʅ$^{24}$ȵy$^{213}$tɤ$^{0}$tsuŋ$^{24}$tɕian$^{31}$ɤ$^{24}$xən$^{24}$xən$^{21}$ti$^{0}$i$^{24}$ xua$^{24}$]

突然间一条波澜壮阔的天河，[t$^{h}$u$^{31}$ʐan$^{24}$tɕian$^{31}$i$^{21}$t$^{h}$iau$^{24}$puə$^{31}$lan$^{24}$tsuaŋ$^{53}$k$^{h}$uə$^{51}$ti$^{0}$t$^{h}$ian$^{31}$xɤ$^{24}$]

横在牛郎和织女的眼前，[xəŋ$^{24}$tsai$^{51}$ȵiəu$^{24}$laŋ$^{24}$xɤ$^{24}$tʂʅ$^{24}$ȵy$^{213}$ti$^{0}$ian$^{21}$tɕ$^{h}$ian$^{24}$]

硬生生地把一对儿恩爱的小夫妻给隔开了。[iŋ$^{51}$ʂəŋ$^{24}$ʂəŋ$^{31}$ti$^{0}$pa$^{21}$i$^{24}$tuər$^{51}$ən$^{31}$ai$^{51}$ti$^{0}$ɕiau$^{21}$fu$^{24}$tɕ$^{h}$i$^{0}$kei$^{24}$ kɤ$^{24}$k$^{h}$ai$^{31}$lɤ$^{0}$]

喜鹊非常同情牛郎和织女的遭遇。[ɕi$^{21}$tɕ$^{h}$yɛ$^{51}$fei$^{31}$tʂ$^{h}$aŋ$^{24}$t$^{h}$uŋ$^{24}$tɕ$^{h}$iŋ$^{24}$ȵiəu$^{24}$laŋ$^{24}$xɤ$^{24}$tʂʅ$^{24}$ȵy$^{213}$ti$^{0}$tsau$^{31}$y$^{0}$]

每年的农历的七月初七，[mei$^{21}$ȵian$^{24}$ti$^{0}$nuŋ$^{24}$li$^{51}$ti$^{0}$tɕ$^{h}$i$^{21}$yɛ$^{51}$ts$^{h}$u$^{31}$tɕ$^{h}$i$^{213}$]

成千上万只喜鹊都飞到天河上，[tʂ$^{h}$əŋ$^{24}$tɕ$^{h}$ian$^{31}$ʂaŋ$^{53}$uan$^{51}$tʂʅ$^{0}$ɕi$^{21}$tɕ$^{h}$yɛ$^{51}$təu$^{24}$fei$^{31}$tau$^{51}$t$^{h}$ian$^{31}$xɤ$^{24}$ʂaŋ$^{0}$]

它们一只衔着另一只的尾巴，[t$^{h}$a$^{31}$mən$^{0}$i$^{24}$tʂʅ$^{31}$ɕian$^{24}$tʂɤ$^{0}$liŋ$^{51}$i$^{24}$tʂʅ$^{31}$ti$^{0}$uei$^{21}$pa$^{0}$]

搭起了一条长长的鹊桥，[ta$^{31}$tɕ$^{h}$i$^{21}$lɤ$^{0}$i$^{21}$t$^{h}$iau$^{24}$tʂ$^{h}$aŋ$^{24}$tʂ$^{h}$aŋ$^{24}$ti$^{0}$tɕ$^{h}$yɛ$^{51}$tɕ$^{h}$iau$^{24}$]

帮助牛郎和织女相聚。[paŋ$^{31}$tsu$^{51}$ȵiəu$^{24}$laŋ$^{24}$xɤ$^{24}$tʂʅ$^{24}$ȵy$^{213}$ɕiaŋ$^{31}$tɕy$^{51}$]

这就是牛郎和织女的故事。[tʂɤ⁵³tɕiəu⁵³ʂʅ⁵¹n̠iəu²⁴laŋ²⁴xɤ²⁴tʂʅ²⁴n̠y²¹tɤ⁰ku⁵¹ʂʅ⁰]

### 牛郎和织女

　　古时候，有一个小伙儿，父母双亡，孤苦伶仃，家中只有一头老牛，人们叫他牛郎。牛郎靠和老牛种地为生，终日里和老牛相依为命，牛郎对待老牛，就像对待自己的家人。其实，这头老牛是天上的金牛星。它喜欢牛郎勤劳、善良，就想帮他成个家。这一天，它得到了消息，说是天上的仙女要到村东边的湖边去洗澡。它就托梦告诉牛郎："牛郎，明天你到村东那个湖边去，看到仙女在洗澡，你就把她们挂在树上的衣服取走一件，不要回头，跑回家去，你就能得到一个仙女做妻子。"第二天，牛郎半信半疑。他走到村东边的湖边一看，朦朦胧胧中，果然有七个仙女在戏水。他抓起树上挂的一件粉红色的衣服，头也不回，飞快地跑回家。这丢衣服的仙女就是织女。当天晚上，织女就悄悄地敲开了牛郎的家门，两个人做起了恩爱夫妻。一转眼，三年过去了。牛郎和织女生了一儿一女两个孩子，一家人和和美美过得很开心。但是，织女私自下凡叫玉皇大帝知道了，他极为震怒！这一天，天空电闪雷鸣，又是大风又是大雨。突然间，织女就不见了。两个孩子哭着喊着找妈妈，牛郎急得满头是汗，不知道如何是好。就在这时，那个老牛突然说话了："牛郎，快把我头上的角拿下来，它能变成两个箩筐，带上你的两个孩子，赶快上天追你的织女吧。"牛郎听了感到很奇怪。这时牛头上的角突然就掉了下来，真的就变成了两个箩筐。牛郎赶紧挑起两个孩子往外跑去。只见一阵清风吹来，那两只箩筐轻轻飘飘地飞了起来。牛郎追啊追，眼看就追上织女了，就在这时，被王母娘娘发现了。王母娘娘从头上拔下一个金钗，在牛郎和织女的中间恶狠狠地一划，突然间一条波澜壮阔的天河，横在牛郎和织女的眼前，硬生生地把一对恩爱夫妻给隔开了。喜鹊非常同情牛郎和织女的遭遇，每年的农历七月初七，成千上万只喜鹊都飞到天河上，它们一只衔着另一只的尾巴，搭起了一条长长的鹊桥，帮助牛郎和织女相聚。这就是牛郎和织女的故事。

### 棒棰岛的传说 [paŋ⁵¹tsʰuei²⁴tau²¹³tɤ⁰tʂʰuan²⁴ʂuə²¹³]

今天给大家讲一个棒棰岛的故事。[tɕin²⁴tʰian³¹kei²¹ta⁵³tɕia³¹tɕiaŋ²¹i²⁴kɤ⁰paŋ⁵¹tsʰuei²⁴tau²¹³tɤ⁰ku⁵¹ʂʅ⁰]

　　棒棰：原指棒槌，东北地区人参俗称"棒槌"，用作地名时写成"棒棰"

在啊很早以前，村子里住一个姓张的寡妇儿，[tsai⁵¹a⁰xən²⁴tsau²¹³i²¹tɕʰian²⁴, tsʰuən³¹tsʅ⁰li²¹³tʂu⁵¹i²⁴ kɤ⁰ɕiŋ⁵¹tʂaŋ³¹tɤ⁰kua²¹fur⁰]

拉扯着两个孩子，[la³¹tʂʰɤ²¹tsɤ⁰liaŋ²¹kɤ⁰xai²⁴tsʅ⁰] 拉扯：抚养

大的呢，叫张乖，[ta⁵¹ti⁰nɤ⁰, tɕiau⁵¹tʂaŋ²⁴kuai³¹]

中国语言文化典藏

小儿的，叫张顺。[ɕiaur²¹³ti⁰，tɕiau⁵¹tʂaŋ³¹suən⁵¹]

家里边儿穷得啊，[tɕia³¹li⁰piɐr⁰tɕʰyŋ²⁴ti⁰a⁰]

刷锅抹勺儿子——叮当响，[sua²⁴kuə³¹muə²¹ʂaur²⁴tsʅ⁰—tiŋ³¹taŋ⁰ɕiaŋ²¹³]

这张寡妇儿起早贪黑没日地干，[tʂɤ⁵¹tʂaŋ³¹kua²¹fur⁰tɕʰi²⁴tsau²¹tʰan³¹xɤ²¹³mɤ⁵³zʅ⁵¹ti⁰kan⁵¹]

终于累倒了。[tsuŋ³¹y²⁴lei⁵¹tau²¹³la⁰]

这哥俩儿一看他妈病这么样儿，[tʂɤ⁵¹kɤ³¹liar²¹³i²⁴kʰan⁵¹tʰa²⁴ma³¹piŋ⁵¹tʂɤ⁵¹mɤ⁰iãr⁵¹]

急得直哭。[tɕi²⁴ti⁰tʂʅ²⁴kʰu³¹]

这时候儿呢，[tʂɤ⁵¹ʂʅ²⁴xəur⁰nɤ⁰]

一个神仙看见了，告诉他：[i²⁴kɤ⁵¹ʂən²⁴ɕian³¹kʰan⁵³tɕian⁵¹lɤ⁰，kau⁵³su⁵¹tʰa³¹]

"孩子别哭，这海北边儿啊，[xai²⁴tsʅ⁰piɛ²⁴kʰu³³，tʂɤ⁵¹xai²⁴pɤ²¹piɐr³¹a⁰]

山上有棒槌，能救恁妈的命。"[ʂan³¹ʂaŋ⁰iəu²¹paŋ⁵¹tsʰuei⁰，nəŋ²⁴tɕiəu⁵¹nan²⁴ma³¹ti⁰miŋ⁵¹] 恁：你

这哥儿俩儿一听，[tʂɤ⁵¹kɤr³¹liar²¹³i²⁴tʰiŋ³¹]

赶快和他妈坐上个小船儿，[kan²¹kʰuai⁵¹xɤ²⁴tʰa²⁴ma³¹tsuə⁵¹ʂaŋ⁰kɤ⁰ɕiau²¹tsʰuɐr²⁴]

就往北边儿漂去，[tɕiəu⁵³uaŋ⁵¹pei²⁴piɐr³¹pʰiau³¹tɕʰy⁰]

来到北边儿这个小渔村儿啊，[lai²⁴tau⁵¹pei²⁴piɐr³¹tʂɤ⁵³kɤ⁰ɕiau²¹y²⁴tsʰuər³¹a⁰]

住下了以后，哥儿俩儿就分头啊，[tʂu⁵³ɕia⁵¹lɤ⁰i²¹xəu⁵¹，kɤr³¹liar²¹³tɕiəu⁵¹fən³¹tʰəu²⁴a⁰]

急匆匆地上山去找这个棒槌去了。[tɕi²⁴tsʰuŋ³¹tsʰuŋ⁰tɤ⁰ʂaŋ⁵³san³¹tɕʰy⁵¹tʂau²¹tʂɤ⁵¹kɤ⁰paŋ⁵¹tsʰuei⁰tɕʰy⁵¹lɤ⁰]

再说这哥俩儿，[tsai⁵³ʂuə³¹tʂɤ⁵¹kɤ³¹liar²¹³]

你看那个样儿长得啊都差不多，[ȵi²¹kʰan⁵¹na⁵³kɤ⁰iãr⁵¹tʂaŋ²¹tɤ⁰a⁰təu³¹tsʰa⁵³pu⁰tuə³¹]

可是心性不一样，[kʰɤ²¹sʅ⁵¹ɕin³¹ɕiŋ⁵¹pu⁵¹i²⁴iaŋ⁵¹]

老大不是个善茬儿，[lau²¹ta⁵¹pu²⁴sʅ⁵¹kɤ⁰san⁵¹tʂʰar²⁴] 善茬：好对付的人

肚子里有个猴儿。[tu⁵¹tsʅ⁰li⁰iəu²¹kɤ⁰xəur²⁴]

他呢，就一心地想啊，[tʰa³¹nɤ⁰，tɕiəu⁵¹i²⁴ɕin³¹ti⁰ɕiaŋ²¹³a⁰]

挖个棒槌发财娶媳妇儿。[ua³¹kɤ⁰paŋ⁵¹tsʰuei⁵¹fa²¹tsʰai²⁴tɕʰy²⁴ɕi²¹fur⁰]

这老二儿呢，憨憨乎乎儿的，[tʂɤ⁵¹lau²¹ɚ⁵¹nɤ⁰，xan³¹xan⁰xu³³xur⁰ti⁰]

嗯，没有弯弯肠子，[ən³¹，mei²⁴iəu²¹uan³¹uan⁰tʂʰaŋ²⁴tsʅ⁰]

他呢净想给他妈这个病治好。[tʰa³¹nɤ⁰tɕiŋ⁵¹ɕiaŋ²¹³kei²¹tʰa²⁴ma³¹tʂɤ⁵¹kɤ⁰piŋ⁵¹tʂʅ⁵¹xau²¹³]

这哥俩儿进山了之后呢，[tʂɤ⁵¹kɤ³¹liar²¹³tɕin⁵³san³¹lɤ⁰tsʅ³¹xəu⁵¹nɤ⁰]

这老大就发现了一个小胖孩儿，[tʂɤ⁵¹lau²¹ta⁵¹tɕiəu⁵¹fa²¹ɕian⁵¹lɤ⁰i²⁴kɤ⁵¹ɕiau²¹pʰaŋ⁵¹xɐr²⁴]

他就撵哪撵哪，怎么也撵不上，[tʰa³¹tɕiəu⁵¹ȵian²¹³na⁰ȵian²¹³na⁰，tsən²¹mɤ⁰ie²¹ȵian²¹puʂaŋ⁵¹]

天黑了，没办法儿，他就跑回家去了。[tʰian³¹xɤ²¹³lɤ⁰，mei²⁴pan⁵¹far⁰，tʰa³¹tɕiəu⁵¹pʰau²¹xuei²¹tɕia³¹
tɕʰy⁰lɤ⁰]

这老二呢，[tʂɤ⁵¹lau²¹ɚ⁵¹nɤ⁰]

在山上也看见个小胖孩儿，[tsai⁵¹san³¹ʂaŋ⁰ie²¹kʰan⁵³tɕian⁵¹kɤ⁰ɕiau²¹pʰaŋ⁵¹xɐr²⁴]

并且呢很快就和这个小胖孩儿啊，[piŋ⁵¹tɕʰie²¹³nɤ⁰xən²¹kʰuai⁵¹tɕiəu⁵¹xɤ²⁴tʂɤ⁵³kɤ⁵¹ɕiau²¹pʰaŋ⁵¹xɐr²⁴a⁰]

成了好朋友，[tʂʰəŋ²⁴lɤ⁰xau²¹pʰəŋ²⁴iəu⁰]

小胖孩儿啊知道他妈病了，[ɕiau²¹pʰaŋ⁵¹xɐr²⁴a⁰tʂʅ⁵¹tau⁵¹tʰa³³ma³¹piŋ⁵¹lɤ⁰]

就给老二啊一些草药。[tɕiəu⁵¹kei²¹lau²¹ɚ⁵¹a⁰i²⁴ɕie³¹tsʰau²¹iau⁵¹]

这小孩儿拿回家，[tʂɤ⁵¹ɕiau²¹xɐr²⁴na²⁴xuei²⁴tɕia³¹]

他妈喝了草药之后呢，[tʰa³³ma³¹xɤ³¹lɤ⁰tsʰau²¹iau⁵¹tsʅ³¹xəu⁵¹nɤ⁰]

这个病啊，一下全都好了。[tʂʰɤ⁵³kɤ⁰piŋ⁵¹a⁰，i²⁴ɕia⁵¹tɕʰyan²⁴təu³¹xau²¹³lɤ⁰]

四月十八是赶庙会的日子，[sʅ⁵³yɛ⁵¹ʂʅ²⁴pa²¹³sʅ⁵¹kan²¹miau⁵³xuei⁵¹ti⁰zʅ⁵¹tsʅ⁰]

娘儿三个就想好儿好儿啊，[ȵiãr²⁴san³¹kɤ⁰tɕiəu⁵¹ɕiaŋ²¹³xaur²⁴xaur²¹³a⁰]

在这个庙会上遇着小胖孩儿，[tsai⁵¹tʂɤ⁵³kɤ⁵¹miau⁵³xuei⁵¹ʂaŋ⁰y⁵¹tʂau⁰ɕiau²¹pʰaŋ⁵¹xɐr²⁴]

好儿好儿地谢谢人家，[xaur²⁴xaur²¹³ti⁰ɕie⁵¹ɕie⁰in²⁴tɕia⁰]

就在这个庙会上找啊找，[tɕiəu⁵³tsai⁵¹tʂɤ⁵³kɤ⁵¹miau⁵³xuei⁵¹ʂaŋ⁰tsau²¹a⁰tsau²¹³]

终于在戏台底下，[tsuŋ³¹y²⁴tsai⁵¹ɕi⁵¹tʰai²⁴ti²¹ɕia⁰]

找着了小胖孩儿。[tsau²¹tʂau⁰lɤ⁰ɕiau²¹pʰaŋ⁵¹xɐr²⁴]

这个老二啊乐得啊，[tʂɤ⁵³kɤ⁵¹lau²¹ɚ⁵¹a⁰lɤ⁵¹tɤ⁰a⁰]

直把那个鸡蛋哪，[tʂʅ²⁴pa²¹³na⁵³kɤ⁰tɕi⁵¹tan⁵¹na⁰]

好东西什么的，[xau²⁴tuŋ³¹ɕi⁰ʂən²⁴mɤ⁰tɤ⁰]

往那个小胖孩儿那个怀里塞。[uaŋ²¹na⁵³kɤ⁰ɕiau²¹pʰaŋ⁵¹xɐr²⁴na⁵³kɤ⁰xuai²⁴li⁰sʅ²¹³]

这老大，[tʂɤ⁵¹lau²¹ta⁵¹]

则悄悄儿地搁后边儿绕过去，[tsɤ²⁴tɕʰiau²⁴tɕʰiaur⁰ti⁰kɤ³¹xəu⁵³piɐr³¹iau⁵¹kuə⁰tɕʰy⁰]

一下子弄个红绳儿，[i²¹ɕia⁵¹tsɿ⁰nuŋ⁵³kɤ⁰xuŋ²⁴ʂɚr²⁴]

系在这个小胖孩儿的肚兜儿上。[tɕi⁵³tsai⁵¹tʂɤ⁵³kɤ⁵¹ɕiau²¹pʰaŋ⁵¹xɐr²⁴tɤ⁰tu⁵³təur³¹ʂaŋ]

老二看见了，[lau²¹ɚ⁵¹kʰan⁵³tɕian⁵¹lɤ⁰]

赶紧地把这红绳儿解开，[kan²⁴tɕin²¹ti⁰pa²¹tʂɤ⁵¹xuŋ²⁴ʂɚr²⁴tɕiɛ²¹kʰai³¹]

把这个小胖孩儿给放跑了。[pa²¹tʂɤ⁵³kɤ⁵¹ɕiau²¹pʰaŋ⁵¹xɐr²⁴kei²¹faŋ⁵¹pʰau²¹³lɤ⁰]

老大这个气呀，[lau²¹ta⁵¹tʂɤ⁵³kɤ⁵¹tɕʰi⁵¹ia⁰]

死命地老打这个老二呀，[sɿ²¹miŋ⁵¹ti⁰lau²¹³ta²¹tʂɤ⁵³kɤ⁵¹lau²¹ɚ⁵¹ia⁰]

把老二一下子打死了，[pa²¹lau²¹ɚ⁵¹i²⁴ɕia⁵¹tsɿ⁰ta²⁴sɿ²¹³lɤ⁰]

扔到了海里。[ləŋ³¹tau⁵¹lɤ⁰xai²⁴li⁰]

这小胖孩儿跑了以后，[tʂɤ⁵¹ɕiau²¹pʰaŋ⁵¹xɐr²⁴pʰau²¹lɤ⁰i²¹xəu⁵¹]

不放心，就回来找老二，[pu²⁴faŋ⁵³ɕin³¹, tɕiəu⁵¹xuei²⁴lai⁰tsau²⁴lau²¹ɚ⁵¹]

一看老二也没有了，[i²⁴kʰan⁵¹lau²¹ɚ⁵¹iɛ⁰mei²⁴iəu²¹lɤ⁰]

左找找不着，右找找不着，[tsuə²⁴tsau²¹tsau²¹pu⁰tʂau²⁴, iəu⁵¹tsau²¹tsau²¹pu⁰tʂau²⁴]

这急得他直哭啊，呜呜儿的。[tʂɤ⁵¹tɕi²⁴ti⁰tʰa³¹tʂɿ²⁴kʰu³¹a⁰, u³¹ur⁰ti⁰]

这个哭声啊，[tʂɤ⁵³kɤ⁵¹kʰu²⁴ʂəŋ³¹a⁰]

就惊动了海里边儿的蚆蛸精。[tɕiəu⁵¹tɕiŋ³¹tuŋ⁵¹lɤ⁰xai²⁴li²¹piɐr³¹ti⁰pa³¹sau⁰tɕiŋ³¹]

他是个镇海大将军，[tʰa³¹sɿ⁵³kɤ⁵¹tʂən⁵¹xai²¹³ta⁵¹tɕiaŋ³¹tɕyn⁰]

招呼了一帮蚆蛸在海底下找，[tʂau³¹xu⁰lɤ⁰i²⁴paŋ³¹pa³¹sau⁰tsai⁵¹xai²⁴ti²¹ɕia⁰tsau²¹³]

终于把这个张顺哪，[tsuŋ³¹y²⁴pa²¹tʂɤ⁵³kɤ⁵¹tʂaŋ³¹suən⁵¹na⁰]

给找了回来。[kei²¹tsau²¹lɤ⁰xuei⁰lai⁰]

这个小胖孩儿啊，[tʂɤ⁵³kɤ⁰ɕiau²¹pʰaŋ⁵¹xɐr²⁴a⁰]

为了救活这个张顺哪，[uei⁵¹lɤ⁰tɕiəu⁵¹xuə²⁴tʂɤ⁵³kɤ⁵¹tʂaŋ³¹suən⁵¹na⁰]

就咬破了自己的血管儿，[tɕiəu⁵¹iau²¹pʰuə²¹lɤ⁰tsɿ⁵¹tɕi²¹tɤ⁰ɕiɛ²⁴kuɐr²¹³]

把自己的血啊，[pa²¹tsɿ⁵¹tɕi²¹ti⁰ɕiɛ²¹a⁰]

就顺着张顺的嘴啊往里滴。[tɕiəu⁵¹suən⁵¹tʂɤ⁰tʂaŋ³¹suən⁵¹ti⁰tsei²¹³a⁰uaŋ²⁴li²¹ti³¹]

慢儿慢儿的啊，[mɐr²⁴mɐr⁰tɤ⁰a⁰]

这张顺就活了过来，[tʂɤ⁵¹tʂaŋ³¹suən⁵¹tɕiəu⁵¹xuə²⁴lɤ⁰kuə⁰lai⁰]

可是，这个小胖孩儿那个脸却越来越苍白了。[kʰɤ²¹sʅ⁵¹, tʂɤ⁵³kɤ⁵¹ɕiau²¹pʰaŋ⁵¹xɐr²⁴na⁵³kɤ⁰lian²¹³ tɕʰyɛ⁵¹yɛ⁵¹lai²⁴yɛ⁵¹tsʰaŋ³¹pai⁰lɤ⁰]

就在这时候儿呢，[tɕiəu⁵³tsai⁵¹tʂɤ⁵¹ʂʅ²⁴xəur⁰nɤ⁰]

这老大又看见了，[tʂɤ⁵¹lau²¹ta⁵¹iəu⁵¹kʰan⁵³tɕian⁵¹lɤ⁰]

就过来扑过来了，一扑啊，[tɕiəu⁵³kuə⁵¹lai⁰pʰu⁵¹kuə⁵¹lai⁰lɤ⁰, i⁵¹pʰu²¹a⁰]

一下子和小胖孩儿一块儿就扑到海里边儿去了。[i²⁴ɕia⁵¹tsʅ⁰xɤ²⁴ɕiau²¹pʰaŋ⁵¹xɐr²⁴i²⁴kʰuɐr⁵¹tɕiəu⁵¹pʰu²¹ tau⁵¹xai²⁴li²¹piɐr⁰tɕʰy⁰lɤ⁰]

老二醒过来了，[lau²¹ɚ⁵¹ɕiŋ²¹kuə⁵¹lai⁰lɤ⁰]

看不着小胖孩儿，到处哭喊：[kʰan⁵¹pu⁰tʂau⁰ɕiau²¹pʰaŋ⁵¹xɐr²⁴, tau⁵³tʂʰu⁵¹kʰu³¹xan²¹³]

"棒槌弟弟，你在哪呀？[paŋ⁵¹tsʰuei⁰ti⁵¹ti⁰, ȵi²¹tsai⁵¹na²¹³ia⁰]

棒槌弟弟，你在哪呀？"[paŋ⁵¹tsʰuei⁰ti⁵¹ti⁰, ȵi²¹tsai⁵¹na²¹³ia⁰]

海里边儿，出现了浪花儿，[xai²⁴li²¹piɐr⁰, tʂʰu³¹ɕian⁵¹lɤ⁰laŋ⁵¹xuar³¹]

浪花儿里边儿，[laŋ⁵¹xuar³¹li²¹piɐr⁰]

有一个形状就像棒槌的小山包儿，[iəu²¹i²⁴kɤ⁵¹ɕiŋ²⁴tsuaŋ⁵¹tɕiəu⁵³ɕiaŋ⁵¹paŋ⁵¹tsʰuei⁰ti⁰ɕiau²¹san²⁴paur³¹]

就慢儿慢儿地冒了出来，[tɕiəu⁵¹mɐr²⁴mɐr⁰ti⁰mau⁵¹lɤ⁰tʂʰu⁰lai⁰]

这就是咱们今天的棒棰岛！[tʂɤ⁵¹tɕiəu⁵³ʂʅ⁵¹tsan²⁴mən⁰tɕin²⁴tʰian³¹tɤ⁰paŋ⁵¹tsʰuei²⁴tau²¹³]

## 棒棰岛的传说

今天给大家讲一个棒棰岛的故事。在很早以前，村子里住着一个姓张的寡妇，拉扯着两个孩子，老大叫张乖，老二叫张顺。张寡妇家里穷得叮当响，她起早贪黑，没日没夜地干，就累倒了。这哥俩儿一看妈妈病成这样儿急得直哭。这时候，一个神仙看见了，告诉他们："孩子别哭，这海北边儿的山上有棒槌（人参），能救你妈的命。"这哥儿俩儿一听，赶快和妈妈坐上一只小船儿往北边儿漂去，来到北边儿的一个小渔村。住下以后，哥儿俩就急匆匆地分头上山去找棒槌。再说这哥俩儿，样儿长得都差不多，可是心性不一样。老大不是个善茬儿，肚子里像住着一只猴儿似的。他一心想挖个棒槌发财娶媳妇儿。老二很憨厚，是个直肠子，他净想着给妈妈治好病。这哥俩儿进山之后，老大就发现了一个小胖孩儿，他就追呀追，怎么也追不上。天黑了，没办法，他就跑回家去了。老二在山上也看见个小胖孩儿，并且很快就和这个小胖孩儿成了好朋友。小胖孩儿知道他妈病了，就给老二一些草药。老二把药拿回了家。妈妈喝了草药后，病很快就好了。

四月十八是赶庙会的日子，娘儿仨就想在这个庙会上遇着小胖孩儿，好好儿谢谢人家。他们

中国语言文化典藏

就在这个庙会上找啊找，终于在戏台底下找着了那个小胖孩儿。老二高兴地把鸡蛋等好东西往那个小胖孩儿怀里塞。老大则悄悄地从后边儿绕过去，用红绳儿一下子系在这个小胖孩儿的肚兜儿上。老二看见了，赶紧把这红绳儿解开，把小胖孩儿给放跑了。老大非常生气，使劲打老二，把老二打死了，并扔到了海里。

小胖孩儿逃跑后，不放心，就回来找老二，左找右找找不着，急得他呜呜直哭。哭声惊动了海里的镇海大将军蚆蛸精。他召集了一帮蚆蛸在海底找，终于把老二给找了回来。小胖孩儿为了救活老二，就咬破了自己的手指，把自己的血往老二的嘴里滴。渐渐地，老二苏醒了。可是，小胖孩儿的脸却越来越苍白。

就在这时老大来了，看见小胖孩儿就扑了过来。他一下子就和小胖孩儿一起扑到了大海里。老二醒过来了，看不到小胖孩儿，就四处寻找哭喊："棒槌弟弟，你在哪儿呀？棒槌弟弟，你在哪儿呀？"这时，大海里出现了浪花儿，浪花儿里有一个形状像棒槌的小山包渐渐地冒了出来。这个小山包就是现在的棒棰岛！

## 老虎滩和石槽儿的传说 [lau²⁴xu⁰tʰan³¹xɤ²⁴ʂʅ²⁴tsʰaur²⁴tɤ⁰tsʰuan²⁴ʂuə³¹]

今天给大家讲一个，[tɕin²⁴tʰian³¹kei²¹ta⁵³tɕia³¹tɕiaŋ²¹i²⁴kɤ⁵¹]

关于老虎滩和石槽儿的传说。[kuan³¹y²⁴lau²⁴xu⁰tʰan³¹xɤ²⁴ʂʅ²⁴tsʰaur²⁴tɤ⁰tsʰuan²⁴ʂuə³¹]

说老虎滩，远儿远看去，[ʂuə³¹lau²⁴xu⁰tʰan³¹，yɐr²⁴yan⁰kʰan⁵¹tɕʰy⁰]

真就像一只大老虎，[tʂən³¹tɕiəu⁵³ɕiaŋ⁵¹i⁵³tʂʅ³¹ta⁵¹lau²⁴xu⁰]

虎头俯视着大海。[xu²¹tʰəu²⁴fu²¹ʂʅ⁵¹tʂɤ⁰ta⁵¹xai²¹³]

听人说，从前这个地方儿很荒凉，[tʰiŋ³¹zən²⁴ʂuə³¹，tsʰuŋ²⁴tɕʰian²⁴tʂɤ⁵³kɤ⁵¹ti⁵¹fãr³¹xən²⁴xuaŋ³¹liaŋ⁰]

没有人烟，山上老虎出没。[mei²⁴iəu²¹zən²⁴ian³¹，ʂan³¹ʂaŋ⁰lau²⁴xu⁰tʂʰu³¹mɤ⁵¹]

在这半山腰儿上，还有个老虎洞，[tsai⁵³tʂɤ⁵¹pan⁵³san³³iaur³¹ʂaŋ⁰，xai²⁴iəu²¹kɤ⁵¹lau²⁴xu⁰tuŋ⁵¹]

半夜涨潮的时候，海浪哗哗一抽，[pan⁵³iɛ⁵¹tʂaŋ²¹tʂʰau²⁴tɤ⁰ʂʅ²⁴xəu⁰，xai²¹laŋ⁵¹xua³¹xua³¹i²⁴tʂʰəu³¹]

时不时地传出阵阵的虎啸声。[ʂʅ²⁴pu⁰ʂʅ²⁴ti⁰tsʰuan²⁴tʂʰu⁰tʂən⁵³tʂən⁵¹ti⁰xu²¹ɕiau⁵¹ʂəŋ³¹]

有的传说说，这个山上的恶虎，[iəu²¹tɤ⁰tsʰuan²⁴ʂuə³³ʂuə²¹³，tʂɤ⁵³kɤ⁵¹san³¹ʂaŋ⁰tɤ⁰ɤ⁵¹xu²¹³]

啊，经常出来伤人，[a⁰，tɕiŋ³¹tʂʰaŋ²⁴tʂʰu³¹lai²⁴ʂaŋ³¹in²⁴]

有一天，龙王的女儿龙女儿啊，[iəu²¹i²⁴tʰian³¹，luŋ²⁴uaŋ²⁴tɤ⁰n̠y²¹ɤ²⁴luŋ²⁴n̠yɐr²¹³a⁰]

在这山坡上采鲜花儿，[tsai⁵³tʂɤ⁵¹san²⁴pʰɤ³¹saŋ⁰tsʰai²¹ɕian³¹xuar⁰]

突然间就出来一只恶虎，[tʰu³¹zan²⁴tɕian³¹tɕiəu⁵¹tʂʰu³¹lai²⁴i⁵³tʂ̩³¹ɤ⁵¹xu²¹³]

把她给叼跑了。[pa²¹tʰa³¹kei²¹tiau³¹pʰau²¹lɤ⁰]

住在旁边儿村儿的一个小伙叫石槽儿，[tʂu⁵³tsai⁵¹pʰaŋ²⁴piɐr³¹tsʰuɐr³¹ti⁰i²⁴kɤ⁵¹ɕiau²⁴xuə²¹³tɕiau⁵¹ʂ̩²⁴tsʰaur²⁴]

就举起剑，撵这个虎。[tɕiəu⁵¹tɕy²⁴tɕʰi²¹tɕian⁵¹, ȵian²¹tʂɤ⁵³kɤ⁵¹xu²¹³] 撵：追

老虎一看，就把龙女儿放下来跑了。[lau²⁴xu⁰i²⁴kʰan⁵¹, tɕiəu⁵¹pa²¹luŋ²⁴ȵyər²¹³faŋ⁵³ɕia⁵¹lai⁰pʰau²¹lɤ⁰]

龙女儿啊，就感谢这个石槽儿救命之恩，[luŋ²⁴ȵyər²¹³a⁰, tɕiəu⁵¹kan²¹ɕiɛ⁵¹tʂɤ⁵³kɤ⁵¹ʂ̩²⁴tsʰaur²⁴tɕiəu⁵³miŋ⁵¹tsʅ⁰ən³¹]

两个人就结成了夫妇。[liaŋ²¹kɤ⁵¹zən²⁴tɕiəu⁵¹tɕiɛ²⁴tʂʰəŋ²⁴lɤ⁰fu³¹fu⁰]

结婚的当天，石槽儿啊就要上山去除虎。[tɕiɛ²⁴xuən³¹tɤ⁰taŋ²⁴tʰian³¹, ʂ̩²⁴tsʰaur²⁴a⁰tɕiəu⁵³iau⁵¹ʂaŋ⁵³san³¹tɕʰy⁰tʂʰu²⁴xu²¹³]

因为他想呀，[in³¹uei⁵¹tʰa³¹ɕiaŋ²¹³a⁰]

这个老虎，经常出来伤人，[tʂɤ⁵³kɤ⁵¹lau²⁴xu⁰, tɕiŋ³¹tʂʰaŋ²⁴tʂʰu³¹lai⁰saŋ³¹zən²⁴]

不把它打死，早晚儿得祸害老百姓。[pu⁵¹pa²¹tʰa³¹ta²⁴sʅ²¹³, tsau²⁴uɐr²¹³tɤ²⁴xuə⁵³xai⁵¹lau²⁴pai²¹ɕiŋ⁵¹]

所以他就和龙女儿说了他要去打虎。[suə²⁴i²¹³tʰa³¹tɕiəu⁵¹xɤ²⁴luŋ²⁴ȵyər²¹³suə²¹lɤ⁰tʰa³¹iau⁵³tɕʰy⁵¹ta²⁴xu⁰]

龙女儿一听，告诉他："你别急，[luŋ²⁴ȵyər²¹³i²⁴tʰiŋ³¹, kau⁵³su⁵¹tʰa³¹: ȵi²¹piɛ²⁴tɕi²⁴]

这个啊，老虎啊，不是一般的东西，[tʂɤ⁵³kɤ⁵¹a⁰, lau²⁴xu⁰a⁰, pu²⁴sʅ⁵¹i⁵³pan³¹tɤ⁰tuŋ³¹ɕi⁰]

他是天上的黑虎星下的凡，[tʰa³¹sʅ⁵¹tʰian³¹ʂaŋ⁰ti⁰xɤ²⁴xu²⁴ɕiŋ³¹ɕia⁵¹tɤ⁰fan²⁴]

只有用龙宫里边儿那个宝剑才能降服他。"[tʂʅ²⁴iəu²¹³yŋ⁵¹luŋ²⁴kuŋ³¹li²¹pɐr³¹na⁵³kɤ⁵¹pau²¹tɕian⁵¹tsʰai²⁴nəŋ²⁴ɕiaŋ²⁴fu²⁴tʰa³¹]

说着啊，这龙女儿呀就到龙宫去借宝剑。[suə³¹tʂɤ⁰a⁰, tʂɤ⁵³luŋ²⁴ȵyər²¹³a⁰tɕiəu⁵³tau⁵¹luŋ²⁴kuŋ³¹tɕʰy⁵³tɕiɛ⁵¹pau²¹tɕian⁵¹]

没着想，这个龙女儿刚走，[mei²⁴tʂau⁰ɕiaŋ²¹³, tʂɤ⁵³kɤ⁵¹luŋ²⁴ȵyər²¹³kaŋ³¹tsəu²¹³]

这个老虎啊又出来伤人呐。[tʂɤ⁵³kɤ⁵¹lau²⁴xu⁰a⁰iəu⁵¹tʂʰu³¹lai⁰saŋ³¹in²⁴na⁰]

石槽儿听到了呼救声，[ʂ̩²⁴tsʰaur²⁴tʰiŋ³¹tau⁵¹lɤ⁰xu³¹tɕiəu⁵¹səŋ³¹]

哪里还能等到那个宝剑呢。[na²¹li²¹³xai²⁴nəŋ²⁴təŋ²¹tau⁵¹na⁵³kɤ⁵¹pau²¹tɕian⁵¹nɤ⁰]

所以他挥着剑，就和这个老虎搏斗。[suə²⁴i²¹³tʰa³¹xuei³¹tʂɤ⁰tɕian⁵¹, tɕiəu⁵¹xɤ²⁴tʂɤ⁵³kɤ⁵¹lau²⁴xu⁰puə²⁴təu⁵¹]

他一剑呀，就砍掉了老虎牙，[tʰa³¹i²¹tɕian⁵¹a⁰, tɕiəu⁵¹kʰan²¹tiau⁵¹lɤ⁰lau²⁴xu⁰ia²⁴]

落到了海里边儿，[luə⁵³tau⁵¹lɤ⁰xai²⁴li²¹pɐr⁰]

就变成了现在的虎牙礁。[tɕiəu⁵¹pian⁵¹tʂʰəŋ²⁴lɤ⁰ɕian⁵³tsai⁵¹tɤ⁰xu²¹ia²⁴tɕiau³¹]

一把薅住了老虎的尾巴，[i⁵¹pa²¹xau³¹tʂu⁵¹lɤ⁰lau²⁴xu⁰tɤ⁰i²¹pa⁰]

揪了下来一甩，[tɕiəu³¹lɤ⁰ɕia⁵¹lai⁰i⁵¹suai²¹³]

甩到了旅顺口，就成了现在的老虎尾。[suai²¹tau⁵¹lɤ⁰ly²¹suən⁵¹kʰəu²¹³, tɕiəu⁵¹tʂʰəŋ²⁴lɤ⁰ɕian⁵³tsai⁵¹tɤ⁰lau²⁴xu⁰uei²¹³]

一剑又削掉了老虎的半个头，[i²¹tɕian⁵¹iəu⁵¹ɕyɛ³¹tiau⁵¹lɤ⁰lau²⁴xu²¹tɤ⁰pan⁵¹kɤ⁵¹tʰəu²⁴]

扔到海儿里边儿，[ləŋ³¹tau⁵¹xɐr²⁴li²¹pɐr⁰]

就是现在的半拉山。[tɕiəu⁵³ʂɿ⁵¹ɕian⁵³tsai⁵¹tɤ⁰pan⁵³la⁰san³¹]

老虎死了，身子一瘫，[lau²⁴xu⁰sɿ²¹lɤ⁰, ʂən³¹tsɿ⁰i²⁴tʰan³¹]

就成了现在那老虎滩。[tɕiəu⁵¹tʂʰəŋ²⁴lɤ⁰ɕian⁵³tsai⁵¹na⁵¹lau²⁴xu⁰tʰan³¹]

这就是老虎滩名字的由来。[tʂɤ⁵³tɕiəu⁵³sɿ⁵¹lau²⁴xu⁰tʰan³¹miŋ²⁴tsɿ⁵¹tɤ⁰iəu²⁴lai²⁴]

这龙女儿呀，[tʂɤ⁵¹luŋ²⁴n̩yɐr²¹³ia⁰]

借到宝剑回来一看，[tɕiɛ⁵³tau⁵¹pau²¹tɕian⁵¹xuei²⁴lai²⁴i⁰kʰan⁵¹]

见到石槽儿已死，悲痛欲绝，[tɕian⁵³tau⁵¹ʂɿ⁵¹tsʰaur²⁴i²⁴sɿ²¹³, pei³¹tʰuŋ⁵¹y⁵¹tɕyɛ²⁴]

趴在丈夫身边儿痛哭不已，[pʰa³¹tsai⁵¹tʂaŋ⁵¹fu⁰ʂən²⁴piɐr³¹tʰuŋ⁵³kʰu³¹pu⁵¹i²¹³]

慢慢儿地就化成了一座美人礁。[man⁵¹mɐr⁰tɤ⁰tɕiəu⁵¹xua⁵¹tʂʰəŋ²⁴lɤ⁰i²⁴tsuə⁵¹mei²¹zən²⁴tɕiau³¹]

这就是大连老虎滩石槽儿的传说。[tʂɤ⁵³tɕiəu⁵³sɿ⁵¹ta⁵¹lian²⁴lau²⁴xu⁰tʰan³¹ʂɿ²⁴tsʰaur²⁴tɤ⁰tʂʰuan²⁴ʂuə³¹]

### 老虎滩和石槽儿的传说

　　今天给大家讲一个关于老虎滩和石槽儿的传说。说那老虎滩远远看去就像是一只大老虎，虎头俯视着大海。相传从前这个地方儿很荒凉，没有人烟，山上只有老虎出没。在半山腰儿的地方，还有个老虎洞，半夜涨潮的时候，伴随着海浪的哗哗声，时不时传出阵阵虎啸声。传说这座山上有只恶虎，经常出来伤人。有一天，龙王的女儿在山坡上采鲜花儿，突然间就跳出来一只恶虎，把她给叼走了。住在附近村子的一个叫石槽儿的小伙子，举起剑去追老虎。老虎一看，就把龙女放下来跑了。龙女为感谢石槽儿的救命之恩，就嫁给了他。结婚当天，石槽儿要上山去除虎。因为如果不把它打死，它会一直祸害老百姓。他告诉龙女儿要去打虎。龙女一听跟他说："你别急，这个老虎不是一般的东西。他是天上的黑虎星下凡，只有用龙宫里的宝剑才能降服他。"说罢，龙女就到龙宫去借宝剑了。没想到，龙女刚走，老虎又出来伤人了。石槽儿听到呼救声，哪里还能等那个宝剑啊，就直接挥着剑和老虎搏斗去了。他一剑砍掉了老虎牙，又一剑削掉了老虎的半个头，更是一把抓住了老虎的尾巴，把尾巴揪了下来。老虎牙掉到了海里，就变成了现在的虎牙礁；尾巴甩到了旅顺口就成了现在的老虎尾；那被削掉的半个老虎头，扔到了海里就成了现在的半拉山；老虎死后身子一瘫，就成了现在的老虎滩。龙女借到宝剑回来，看到石槽儿已死，悲痛欲绝，趴在丈夫身上痛哭不止，渐渐就化成了一座美人礁。


黑石礁和星海湾的传说 [xɤ²¹ʂʅ²⁴tɕiau³¹xɤ²⁴ɕiŋ³¹xai²⁴uan³¹tɤ⁰tsʰuan²⁴ʂuə³¹]


从前在这海边儿啊，[tsʰuŋ²⁴tɕʰian²⁴tsai⁵³tʂɤ⁵¹xai²⁴piɐr³¹a⁰]

有个小渔村哪叫靠海山庄儿，[iəu²¹kɤ⁵¹ɕiau²¹y²⁴tsʰuən³¹na⁰tɕiau⁵¹kʰau⁵¹xai²¹san²⁴tʂuãr³¹]

西头儿啊，靠海边儿住着几户人家儿。[ɕi³¹tʰəur²⁴a⁰，kʰau⁵¹xai²⁴piɐr³¹tʂu⁵¹tʂɤ⁰tɕi²¹xu⁵¹in²⁴tɕiar³¹]

这海边儿的石头啊，[tʂɤ⁵¹xai²⁴piɐr³¹tɤ⁰ʂʅ²⁴tʰou⁰a⁰]

一色儿的都是些大白石头，[i⁵¹sɤr²¹³tɤ⁰tou³¹ʂʅ⁵¹ɕiɛ³¹ta⁵¹pai²⁴ʂʅ²⁴tʰou⁰]

人们都管这个地方儿呢叫白石礁。[zən²⁴mən⁰tou³¹kuan²¹tʂɤ⁵³kɤ⁵¹ti⁵³fãr³¹nɤ⁰tɕiau⁵¹pai²⁴ʂʅ²⁴tɕiau³¹]

这靠海山庄儿的庄主儿啊，[tʂɤ⁵¹kʰau⁵¹xai²¹san²⁴tʂuãr³¹tɤ⁰tʂuaŋ³¹tʂur²¹³a⁰]

是一个武艺高强的长腿儿乌，[sʅ⁵¹i²⁴kɤ⁵¹u²¹i⁵¹kau³¹tɕʰiaŋ²⁴tɤ⁰tʂʰaŋ²⁴tʰɤr²⁴u³¹]

由它镇守在这地方儿吧，[iəu²⁴tʰa³¹tʂən⁵¹səu⁵¹tsai⁵³tʂɤ⁵³ti⁵³fãr³¹pa⁰]

流氓坏蛋不敢袭扰，[liəu²⁴maŋ²⁴xuai⁵³tan⁵¹pu⁵¹kan²¹ɕi²⁴zau²¹³]

乡亲们哪都安居乐业，[ɕiaŋ²⁴tɕʰin³¹mən⁰na⁰tou³¹an²⁴tɕy³¹lɤ⁵³iɛ⁵¹]

生活儿得十分幸福。[ʂəŋ³¹xuər²⁴tɤ⁰ʂʅ³¹fən³¹ɕiŋ⁵¹fu⁰]

住在南海那个大青鲨，[tʂu⁵³tsai⁵¹nan²⁴xai²¹³na⁵³kɤ⁵¹ta⁵³tɕʰiŋ²⁴sa³¹]

它听说这个地方儿啊很富裕，[tʰa³¹tʰiŋ²⁴ʂuə³¹tʂɤ⁵³kɤ⁵¹ti⁵³fãr³¹a⁰xən²¹fu⁵¹y⁰]

就想啊率着兵马来攻打，[tɕiəu⁵¹ɕiaŋ²¹³a⁰suai⁵¹tʂɤ⁰piŋ³¹ma²¹³lai²⁴kuŋ³¹ta²¹³]

要占这个地盘儿。[iau⁵³tʂan⁵¹tʂɤ⁵³kɤ⁵³ti⁵³pʰɐr²⁴]

这个长腿儿乌，[tʂɤ⁵³kɤ⁵¹tʂʰaŋ²⁴tʰɤr²⁴u³¹]

事先得到了探报，[sʅ⁵³ɕian³¹tɤ²⁴tau⁵¹lɤ⁰tʰan⁵³pau⁵¹]

就在半道儿呢设下了埋伏。[tɕiəu⁵³tsai⁵¹pan⁵³taur⁵¹nɤ⁰ʂɤ⁵³ɕia⁵¹lɤ⁰mai²⁴fu⁰]

中国语言文化典藏

大青鲨攻的时候儿呢，[ta⁵³tɕʰiŋ²⁴sa³¹kuŋ³¹tɤ⁰ʂʅ²⁴xəur⁰nɤ⁰]

正好儿就站到了长腿儿乌设的埋伏圈里边儿了。[tʂəŋ²¹xaur²¹tɕiəu⁵³tsan⁵³tau⁵³lɤ⁰tʂʰaŋ²⁴tʰər²⁴u³¹ʂɤ⁵¹tɤ⁰mai²⁴fu⁰tɕʰyan³¹li⁰piɐr⁰lɤ⁰]

只看那个长腿儿乌啊喷出大量的墨汁，[tʂʅ²¹kʰan⁵³na⁵³kɤ⁵¹tʂʰaŋ²⁴tʰər²⁴u³¹a⁰pʰən³¹tʂʰu³¹ta⁵³liaŋ⁵¹tɤ⁰mɤ⁵³tʂʅ³¹]

把那个海水染的啊一片墨黑，[pa²¹na⁵³kɤ³¹xai²⁴suei²¹ian²¹ti⁰a⁰i²¹pʰian⁵¹mɤ⁵¹xɤ²¹³]

把那个岸边儿的白色的礁石啊，[pa²¹na⁵³kɤ⁵¹an⁵³piɐr³¹ti⁰pai²⁴sɤ⁵¹ti⁰tɕiau³¹ʂʅ²⁴a⁰]

都给染成了黑色的。[təu³¹kei²¹ian²¹tʂʰən²⁴lɤ⁰xɤ²⁴sɤ²¹ti⁰]

从此呢，人们把这一带礁石呢，[tsʰuŋ²⁴tsʰʅ²⁴nɤ⁰，in⁵¹mən⁰pa²¹³tʂɤ⁵¹i²⁴tai⁵¹tɕiau³¹ʂʅ²⁴nɤ⁰]

就叫作了黑石礁。[tɕiəu⁵³tɕiau⁵³tsuɔ⁵¹lɤ⁰xɤ²¹ʂʅ²⁴tɕiau³¹]

这长腿儿乌啊，[tʂɤ⁵¹tʂʰaŋ²⁴tʰər²⁴u³¹a⁰]

和大青鲨鏖战了半天，[xɤ²⁴ta⁵³tɕʰiŋ²⁴ʂa³¹au²⁴tʂan⁵¹lɤ⁰pan⁵³tʰian³¹]

大青鲨一看打不过长腿儿乌，[ta⁵³tɕʰiŋ²⁴ʂa³¹i²⁴kʰan⁵¹ta²¹pu²⁴kuɔ⁵¹tʂʰaŋ²⁴tʰər²⁴u³¹]

它就想趁机逃跑。[tʰa³¹tɕiəu⁵¹ɕiaŋ²¹³tʂʰən²⁴tɕi¹tʰau²⁴pʰau²¹³]

这长腿儿乌一想，[tʂɤ⁵¹tʂʰaŋ²⁴tʰər²⁴u³¹i⁵¹ɕiaŋ²¹³]

留着你这么祸害，[liəu²⁴tʂɤ⁰ni²¹tʂɤ⁵³mɤ⁰xuɔ⁵¹xai⁰]

将来还得去祸害百姓，[tɕiaŋ³¹lai⁰xai²⁴tei²¹tɕʰy⁵¹xuɔ⁵³xai⁰pai²¹ɕiŋ⁵¹]

干脆，我就把你彻底消灭掉吧！[kan³¹tsʰuei⁵¹，uɔ²¹tɕiəu⁵¹pa²⁴ni²¹tʂʰɤ⁵¹ti²¹ɕiau²¹mie⁵¹tiau⁵¹pa⁰]

完后呢它就一步也不放松，[uan²⁴xəu⁵¹nɤ⁰tʰa³¹tɕiəu⁵¹i²¹pu⁵¹iɛ²¹pu²⁴faŋ⁵³suŋ³¹]

坚持和这个大青鲨血战到底！[tɕian³¹tʂʰʅ²⁴xɤ²⁴tʂɤ⁵³kɤ⁵¹ta⁵³tɕʰiŋ²⁴ʂa³¹ɕiɛ²¹tʂan⁵¹tau⁵¹ti²¹³]

它的这个精神感动了天上的星神。[tʰa³¹tɤ⁰tʂɤ⁵³kɤ⁵¹tɕiŋ³¹ʂən²⁴kan²¹tuŋ⁵¹lɤ⁰tʰian³¹ʂaŋ⁰ti⁰ɕiŋ³¹ʂən²⁴]

星神就把天上大大小小的星石，[ɕiŋ³¹ʂən²⁴tɕiəu⁵¹pa²¹tʰian³¹ʂaŋ⁰ta⁵³ta⁵¹ɕiau²⁴ɕiau²¹ti⁰ɕiŋ³¹ʂʅ²⁴]

扑通扑通地扔到这块儿海湾，[pʰu²⁴tʰuŋ⁰pʰu²⁴tʰuŋ⁰ti⁰zəŋ³¹tau⁵³tʂɤ⁵³kʰuɐr⁵¹xai²⁴uan³¹]

其中啊，有一块儿最大的星石，[tɕʰi²⁴tsuŋ³¹a⁰，iəu²¹i²⁴kʰuɐr⁵¹tsuei⁵³ta⁵¹ti⁰ɕiŋ³¹ʂʅ²⁴]

正好儿砸这个大青鲨的头上，[tʂəŋ²¹xaur²¹tsa⁵³kɤ⁵¹ta⁵³tɕʰiŋ²⁴ʂa³¹tɤ⁰tʰəu⁰ʂaŋ⁰]

把大青鲨狠狠地砸向了海底。[pa²¹ta⁵³tɕʰiŋ²⁴ʂa³¹xən²⁴xən⁰ti⁰tsa²⁴ɕiaŋ⁵¹lɤ⁰xai²⁴ti²¹³]

到现在啊，这块儿大石头还在海边儿耸立着。[tau⁵¹ɕian⁵³tsai⁵¹a⁰，tʂɤ⁵³kʰuɐr⁵¹ta⁵¹ʂʅ²⁴tʰəu⁰xai²⁴tsai⁵¹xai²⁴piɐr³¹tsʰuŋ²¹li⁵³tʂɤ⁰]

人们哪，为了纪念这个星石，[zən²⁴mən⁰na⁰，uei⁵¹lɤ⁰tɕi⁵³ɳian⁵¹tʂɤ⁵³kɤ⁵¹ɕiŋ³¹ʂɻ²⁴]

就把这一带海湾哪叫作星海湾。[tɕiəu⁵¹pa²¹tʂɤ⁵¹i²⁴tai⁵¹xai²⁴uan³¹na⁰tɕiau⁵³tsuə⁵¹ɕiŋ³¹xai²⁴uan³¹]

这就是黑石礁和星海湾的一段儿传说。[tʂɤ⁵³tɕiəu⁵³sɻ⁵¹xɤ²¹ʂɻ²⁴tɕiau³¹xɤ²⁴ɕiŋ³¹xai²⁴uan³¹tɤ⁰i²⁴tɐr⁵¹
   tsʰuan²⁴ʂuə³¹]

## 黑石礁和星海湾的传说

  今天给大家讲一个黑石礁和星海湾的传说。从前，在海边有个小渔村叫靠海山庄，西头靠海，住着几户人家。这海边的石头都是大白石头，人们都把这个地方叫白石礁。这靠海山庄的庄主是一个武艺高强的长腿儿乌贼，由它镇守在这地方，流氓坏蛋都不敢袭扰，乡亲们都安居乐业，生活得十分幸福。住在南海的大青鲨听说这个地方很富裕，就想率着兵马来攻占这个地盘。长腿儿乌贼事先得到了探报，就在半路设下了埋伏。大青鲨进攻的时候，正好就钻到了长腿儿乌贼设的埋伏圈里。长腿儿乌贼喷出大量的墨汁，把海水染得一片漆黑，岸边的白色礁石也都被染成了黑色。从此，人们把这一带叫作黑石礁。长腿儿乌贼和大青鲨鏖战了半天，大青鲨觉得打不过长腿儿乌贼，想趁机逃跑。长腿儿乌贼想，留着这个祸害，将来还会去祸害百姓，干脆我就彻底把它消灭吧！然后长腿儿乌贼就一步也不放松，坚持和大青鲨血战到底！长腿儿乌贼的精神感动了天上的星神。星神就把天上大大小小的星石，扑通扑通地扔到海湾。其中有一块最大的星石，正好砸到大青鲨的头上，把它狠狠地砸到了海底。至今，这块星石还在海边耸立着，人们为了纪念这块星石，就把这一带海湾叫作星海湾。这就是黑石礁和星海湾的一段传说。

中国语言文化典藏

典藏项目为我们提供了全方位深度了解大连这座城市的机会。三年来,我们走进大街小巷、港口厂房、海岛山乡,品尝了田野调查的苦与乐;回到校园在实验室的摄录剪辑、文字推敲、图片更替,经历了书稿编写的不断完善与提高。每个词条的背后都有难以忘却的故事,团队的每个人都有记忆犹新的经历。

## 与非遗结缘

我们的调查是从查找梳理大连的各级非遗项目开始的,通过大连民俗学会会长李成老师的多方联系,团队在原新梅老师的带领下多次拜访或邀请非遗传承人到学校,在请教、拍照的过程中,了解非遗的地域文化内涵和传承。

我们曾去国家级非遗传承人、全国民间艺术最高奖山花奖获得者韩月琴老师家,听她讲授庄河剪纸的创作技法和主题创新,欣赏她的精美剪纸长卷。80多岁的韩月琴老师一提到剪纸立刻就神采飞扬,谈创作构思,谈如何与时俱进。多年来,韩老师一直坚持走进社区、走进校园,亲授技艺。

项目组专程前往"金阿山艺术馆"拜访亚太工艺美术大师金阿山,听他解说大连贝雕作品、参观制作坊间,我们被"九龙壁""麒麟""龙凤对船"等精美作品所震撼。金老师说:"一生只需要做好一件事情就够了。"他痴迷贝雕,在贝雕行业坚守了50多年,磨过的贝壳有几百吨,做了几十万件的贝雕,用手工的温度锻铸了精雕细琢、精益求精的工匠精神。

　　我们专程请复州东北大鼓国家级传承人陈世芳团长带领团队到辽师表演，在辽师影视学院的支持下请专业教师摄录唱段。陈世芳团长为了完成姐姐的遗愿，舍弃北京的公司、北京的家回到大连复州，吃方便面、住在没有暖气的简陋场地，让复州东北大鼓在辽南大地得到传承和传播。后来陈老师因国家艺术基金复州东北大鼓人才培养项目又到辽师培训学员。

　　这些非遗传承人期坚守、追求卓越、无私奉献的精神感染着我们，提升了我们对非遗传承与传播地域文化的认识，为做好典藏书稿储备了丰富的材料。

## 可敬的发音人

　　近一年的纸笔调查后，项目工作进入摄录阶段。发音人是苗延强师傅。苗师傅是大连华润雪花啤酒有限公司的退休工人，土生土长的老大连人，熟悉大连的地域文化和风俗习惯，是我们在多位调查人中选出来的。他还有一个身份是我们团队里刘颖老师的舅舅。刘老师向舅舅介绍项目情况后，苗师傅表现出了很高的热情，先后顺利完成了申报项目时的音系摄录和春节词条摄录，项目的整体专题摄录。最后阶段的数次补录，特别辛苦，但他都毫无怨言，特别理解支持我们。团队为了配合蓝色的背景布，达到最好的录制效果，专门给他借了一套唐装。两年来我们先后摄录、补录了好几次。后来，苗师傅告诉我们，为了穿这套唐装上镜好看，这两年一直不敢多吃，怕发胖，我们知道后特别感动。他在录音、录像的时候都很敬业，给的词

条都会提前准备好几天，不确定的就拿去和爱人、亲戚核对，找出最地道的说法。他用地道的大连话把民间故事讲得惟妙惟肖，还会纠正我们词条中不地道的说法，告诉我们当地的老规矩，提供更地道的本地说法和解释。每次摄像机一打开，无须我们提醒，他就能自己找到最准确的位置和角度。记得有一天的录音接近尾声时，他的声音有些沙哑了，眼睛也开始淌眼泪，但还是努力调整自己，甚至有的词条我们都觉得可以了，他还提出休息一会儿再重录，不留遗憾。特别是疫情期间的两次补录，他都随时做好准备。听他爱人说，苗师傅每次录制完回家，虽然很累，但都会感叹这个项目的意义和团队工作人员的不容易，也很自豪自己能参与其中。在这位精益求精、无私奉献的可敬的发音人的配合和鼓舞下，我们的摄录工作圆满完成。

## 实地调查的苦与乐

除了录制音系和词条等，典藏项目需要根据调查的条目拍摄相应的照片和视频。为了拍到理想的照片，项目组每个人都相机不离身，两年来团队拍摄了数千张照片。每一张照片的背后都有拍摄者的故事和情感。饮食部分先后经历了三次整体拍摄和无数次的补拍；建筑、农工百艺等专题更是克服了难以想象的困难。

刘颖老师前期拍摄节日相关的照片时，构图并不理想，按照原新梅老师告诉的方法，看电视、电影时多观察多琢磨画面的构图，收效很快。她还专门请出过摄影集的朋友车世远老

10-3 ◆丁俊在海洋岛拍摄开渔节

师指导帮助。车老师多次带着三脚架等设备，开车带她去各个地方拍摄照片。做项目过程中，刘老师的母亲苗延艳女士提供了很多物件和帮助。在夏家河子拍"赶海"等相关词条时，因为过于专注，忘了下午涨潮的时间，母女俩被困滩涂，四周全是海水！事后想起来都后怕。当然，典藏项目也为这对母女增添了许多有趣的回忆。刘老师十分感慨，她对原老师说，通过做典藏项目，自己有了情感上的收获，体会到了母亲对自己的牵挂和依恋，一到周末母亲就会主动问咱们去哪儿拍呀！母亲在她的陪伴下很开心，为能帮女儿的项目做点儿事而高兴。

　　九月一日是开渔节，要拍"开渔节"就需要去长海县的海洋岛，那里有大连规模最大、最正宗的开渔节。虽然我们做长海语保项目来过长海县调查，但选的是大长山岛。海洋岛距离远，需要坐四个小时的船。刘颖老师和丁俊同学前一天就赶汽车坐客船先到了，到达后就开始了晚上的开渔庆典录制工作。第二天一早，在当地渔民的帮助下携带摄像机和三脚架到开渔仪式现场。现场人声鼎沸，挤满了当地渔民、表演人员和记者，为了最佳角度拍摄到祭海仪式的全貌，丁俊只能见缝插针多次调整三脚架的位置。为了更近距离地拍摄万船齐发的场面，更是扛着三脚架一路飞奔到距离起航渔船最近的位置。丁俊说看到这些来之不易的照片，成就感很大，希望这些画面能呈现出大连独特的海洋文化，感到做这个项目太有意义了，一切辛苦都值得。

　　康琳同学对拍摄的"豆包儿"印象深刻，黄米面的、纯糯米面的、中间糯米的、外皮白面的。平时不起眼的豆包儿，原来有这么多学问。她也感叹对这个生活了 20 多年的城市有了新

中国语言文化典藏

的认知。原老师和她多次到旅顺、南山及城乡周边拍老房子，从《大连老街》《凝固的记忆》中提供的线索，寻找各种类型的老房子；多次到大连博物馆拍老物件专题展、近代大连专题展。在老物件展中找到了苦苦寻觅的爆米花炉子。但是由于多种物品摆放比较集中，一开始拍出的基本是互相影响的画面，为了拍到理想的老物件，通过和博物馆沟通，终于近距离分散拍摄到了比较理想的照片。

许杨同学是在最后攻坚阶段加入团队的博士生，她和家人为婚育丧葬、节日、饮食等专题所缺照片的拍摄提供了有力支持，对词条调查中的问题进行了筛选。所拍照片替换了一些前期拍摄不理想的照片。还在同学的帮助下，使用无人机拍摄了旅顺太阳沟等处。在书稿通过一审后，为了不留遗憾，许杨和康琳又完成了饮食专题的重拍，替换了原来因玻璃桌面造成反光的照片。

虽然典藏项目已经进入尾声，但大家还意犹未尽，已形成了条件反射，不管走到哪里，看到什么，都会想到这个是不是需要拍摄的，方言怎么说，里面有什么讲究，属于哪个专题，很自然地把物件或活动和方言、地域文化联系起来。进一步想怎么拍好，构图光线背景怎样。两年来大家的摄影技术和审美水平都得到了提高。同时，我们得到了来自多方的帮助，特别感谢给我们提供一些珍贵的照片和视频的朋友们。（具体见本书照片标注）。

## 实验室的坚守和提高

2016 年原老师主持完成了"语言科技应用实验室"建设，为语保方言调查项目和典藏项目提供了优质平台。在赵建军老师的指导下，老生培训新人，师生齐心合力，做好音视频的摄录和剪辑等工作。在实验室里的日子里，大家经历过可以预测和不可预测的各种困难和问题。在坚持不懈攻坚克难的过程中动脑筋想办法，保证质量提高效率，创造性地开展工作。为了呈现较好的画面和声音效果，大家反复检查、核对，刘欣、宋美华组织研二和研一的同学分小组进行重复交叉式检查，避免音频、视频中可能出现的噪音、画面等问题，确保通过赵老师的严格审查。在后期的剪辑过程中，这些文学院的学生们更是每天与电脑打交道，由于实验室的对面是计算机专业的学生教室，大家都开玩笑地说自己是"文学院的计信生"。在录制和

10-4 ◆赵建军、刘颖和学生在摄录中

剪辑锻炼技能的同时，大家对大连方言的音系和语音规律及特点有了更细致的了解，直接品读"海蛎子味儿"的大连话，也越来越能感受到其中流露出的亲切感。在转写音视频材料过程中更是锻炼了听音辨音和记音能力。特别是在疫情期间，大家化整为零克服困难在家完成补录的剪辑校对等工作。这是一项团队工作，通过长时间的合作，我们团队的凝聚力也在不断提高。语保项目是一个难得的大课堂，老师们通过语保项目培养了一批专业素质好、能力强的学生。

## 重点难点的细磨深究

我们有做多项语保方言调查的经历，刚接手大连典藏项目时确实低估了项目的难度和复杂。以为不用去外地纸笔调查，不用那么多的车马劳顿，可以集中半年或一年做完。但是经过几个月的前期调查，发现远远不是这样。每个专题都像是开掘不尽的富矿，都是一口口等待打捞的深井，我们时刻都可能进入调查状态。虽然大连是个只有百余年历史的沿海城市，但是"千年金州、百年大连""先有旅顺，后有大连""一个旅顺口，半部近代史"，这些耳熟能详的老话反映了辽南经济文化中心的变迁和经历的沧桑。原老师在和团队进行实地调查的同时，广泛查阅文献资料，购买《品味大连》系列丛书和相关历史地理文化方面的书籍，还推荐大家观看《最美大连行》《凝固的记忆》等优秀纪录片。在书稿形成过程中，遇到拿不准的问题，积极请教行业领域的专家。如对大连各种建筑的调查是最困难的，如果仅限于给几座洋楼老房拍张照片写上几行文字，那是比较容易，但是每座建筑都有自己的风格、历史、居住人等，

10-5◆原新梅、丁俊在进行方言调查

都有自己的故事。要和大连的建城史、大连的工业、渔业等联系起来去深究，就很复杂。原老师和团队成员带着词条和书稿向嵇汝广等老师请教，尤其是对宗教建筑和电车库、转车台等特殊建筑问题进行专门请教；对大连老菜在前期调查拍摄形成初步材料时，向于政礼等行业专家请教。在做典藏项目的过程中，我们感到各个方面知识的欠缺，围绕九个专题开展百科全书式的读书补课。一次次学习讨论、一遍遍的修改打磨完善，我们在这一过程中经历的持续学习和深入思考，为以后进一步的研究奠定了基础。在语保专家审稿过程中，我们重点对音系说明、各种音变进行完善修正，对解说进行拉网式梳理，把每一次审稿都当作学习提升的好机会。

项目接近尾声了，我们回顾整个工作过程，感慨很多，收获很多。我们通过这个项目多视角、多层次地调查、总结、解释了大连的房屋建筑、日常用具、服饰、饮食、农工百艺、日常活动、婚育丧葬、节日和说唱表演，希望以这样的形式记录下当地已经、正在或即将逝去的物件和场景。在调查和拍摄过程中，我们曾漫步在大连的老街上，亲历了街坊邻居之间嬉笑"拉呱儿"的市井生活气息；曾徜徉在暄闹缤纷的夜市里，体验到了当地"血受"的海鲜大排档；曾走在沙质金黄的十里海岸，感受"上海""洗海澡"的欢乐热闹；曾徘徊在夜幕降临、华灯初上的浪漫东港，感叹着让本地人大喊"绝了"的光影盛宴。这一路上，我们得到了很多大连人的热情帮助，一件件真实经历让我们感受到他们的淳朴和善良。有幸能编写这座城市的语言文化典藏，我们也特别"展扬"。

大连 调查手记

# 参考文献

长海县志办公室 2002《长海县志》，大连出版社。

迟永长 2012《大连方言音系》，辽宁师范大学出版社。

大连市地方志办公室 2010《大连通史》（近代卷），人民出版社。

大连市史志办公室 2004《大连市志》，方志出版社。

大连晚报社棒槌岛周刊部 2013《静像·大连老建筑》（品读大连第2季），大连出版社。

大连新闻传媒集团 2015《最美大连行》，大连新闻传媒集团。

董晓葵、李皓 2013《韵味·大连方言》（品读大连第2季），大连出版社。

高玉娟 2007《大连方言声调研究》，辽宁师范大学出版社。

嵇汝广 2012《记忆·大连老街》（品读大连第1季），大连出版社。

嵇汝广 2015《记忆·大连老街（续）》（品读大连第4季），大连出版社。

姜国升 2013《人烟·大连市井》（品读大连第3季），大连出版社。

姜晔 2017《大时代——大连工业遗产探究》，文物出版社。

刘益令 2013《妙趣·大连民间艺术》（品读大连第2季），大连出版社。

素素 2012《旅顺口往事》，作家出版社。

王万涛 2013《风尚·大连民俗》（品读大连第3季），大连出版社。

王希君 2013《味道·大连美食》，大连出版社。

于政礼 2019《大连市餐饮事略》，大连海事大学出版社。

张树铮 2007 胶辽官话分区（稿），《方言》第4期。

中国民间文学集成辽宁卷大连市卷编委会 1989《中国民间文学集成辽宁卷大连市卷》
（上、中、下），沈阳出版社。

庄河市地方志编纂委员会 2012《庄河市志·（1986—2005）》，辽宁民族出版社。

《最美大连行》摄制组 2016—2020《最美大连行》，大连新闻传媒集团。

中国语言文化典藏

# 索引

1. 索引收录本书"壹"至"捌"部分的所有条目，按条目音序排列。"玖"里的内容不收入索引。

2. 条目首字如是《现代汉语词典》（第 7 版）未收的字、方框"□"，统一归入"其他"类，列在索引最后，并标出整个词的音。

3. 条目中如有方框，在后面标出整个词的音。

4. 每条索引后面的数字为条目所在正文的页码。

中国语言文化典藏

大连

索引

325

中国语言文化典藏

中国语言文化典藏

2016 年 11 月，我应周荐教授邀请到澳门参加"语言能力与语言服务研讨会"，期间，在澳门理工学院书店看到了曹志耘、王莉宁、邵朝阳三位教授编写的《澳门方言文化典藏图册》，翻阅这本语言和文化水乳交融、图文并茂的书，心想如有机会也编一本大连的该多好。2018 年底，在我和团队完成了丹东、庄河等中国语言保护工程方言调查项目后，王莉宁教授来电告知：大连语言文化典藏由我牵头来做，并赠予《中国方言文化典藏·澳门》。我是既高兴又感到有压力。高兴的是有机会实现两年前的心愿，而压力则来自大连作为辽宁的唯一选点，我必须做好。

自从事语保方言调查项目以来，我们走出了书斋、走出了校园、走向了田野。甩掉了高跟鞋、换上休闲装，说走就走成为常态。双肩包、照相机、笔记本、录音笔、身份证成为我们的标配。典藏项目让我们整理行装，再一次出发。经历过语保调查项目的锤炼，有语言学团队的凝心聚力，有来自单位和社会各方的帮助和支持，让我们树立了完成精品的目标和信心。

两年半过去了，最大的感受就是，谁要想深入了解一个地方，就让他编一本典藏吧！

徒步、坐车、乘船，走过春夏和秋冬，走过城市、海岛与乡村，从城市繁华的中心到悠闲的老城区，到被人遗忘的角落……我们逐步对这个生活了若干年甚至是在此出生的城市有了立体的全方位的深入了解，才真正成为一个大连人。对这块土地这片海不再是浮光掠影的表面感知，而是厚重画卷的立体变换：从房屋建筑、日常用具、服饰饮食、农工百艺、日常活动到婚育丧葬、节日、说唱表演等，通过"海蛎子味儿"的大连方言沿着时间和空间审视城市的前世今生；从一张张老照片、一件件老物件、一座座老建筑体验蕴含的家族精神、人间烟火、历史风云。

我们从旅顺老铁山的史前"积石墓"追寻到先祖留下的遗迹，从"千年金州，百年大连"触摸到这片热土的文化轨迹；从"先有旅顺，后有大连"了解以港兴市和城市中心的变迁；从百年船坞和炮台、灯塔体验百年圆梦——从北洋铁甲的屈辱到航母舰队的崛起；从那些工业遗产，触摸到大连大工业时代的火热，找到了撑起这座城市的筋骨——海港、造船、机车……从风格各异的老街深巷、土房洋楼，感受岁月的似水流年、风韵遗迹的绵延不绝；从大连老菜，回溯当年山东福山的厨子怎样跨海而来，为大连菜涂上浓郁的鲁菜底色；从海洋牧场、老盐场体验大海对这块土地的慷慨馈赠。

　　一定要和非遗结合起来做典藏，这是桑宇红教授传授的真经。我们从查找梳理大连被收入各级非遗的项目开始，通过大连民俗学会会长李成教授的多方联系，前去实地拜访或邀请非遗传承人进校园，在调查请教、拍照记录的过程中，了解非遗的文化内涵和传承。在拜访过程中，我们发现每位非遗传承人都有自己的故事，故事中都有一种克服各种困难长期坚守、无私传承的精神。正是这种精神让我们充满了责任、充满了敬畏，树立精品意识，从非遗传承与传播地域文化和民族精神的高度去做好典藏，让照片有了温度，让词条有了底蕴。

　　典藏项目和方言调查项目虽说都是语保项目，但是也有一些不同。其中的最大不同在于，方言调查项目完全是规定动作，而典藏项目则具有一定的开放性、灵活性，怎样把最具地域特色的方言文化提取出来是关键，同时还要拍摄和词条吻合的理想照片确实不易。

　　为了不负这块土地这片海，我们将专题调查、文献研读、实地考察、请教行业专家紧密结合在一起全方位来做。专题调查——整体把握，了解民俗，选择词条；文献研读——深入了解，明确目标，避免盲目；实地考察——直接面对、感悟体验、收获鲜活；请教行业专家——补充不足，更正谬误，提升品位。这样为摄录和书稿编写奠定了良好基础。比如对发音人和文化调查人进行纸笔调查，从整体上了解日常活动、婚育丧葬、节日民俗等，然后进行文献研读、跟踪拍摄。对重点难点专题加大时间和精力的投入。比如建筑专题，面对大连这座"建筑的博物馆"，开始真是无从下手。通过研读《凝固的记忆》《大连老街》和大连的历史文献等，列表梳理出各个时期建筑的类型和代表建筑，然后通过实地考察拍摄去感受这些建筑的前世今生、人文情怀；在编写阶段请行业专家《大连老街》的作者嵇汝广老师逐条修正词条的解释。饮食专题也用同样的方法，从盲目拍摄到按照大连菜肴的文献按图索骥，或到大连老菜馆、牟传仁饭庄去拍摄地道的大连老菜，或自己购买材料自己在家里烹调大连家常菜。我们去拜访行业专家于政礼老师，请他逐一审核每道菜，讲述大连老菜的渊源和发展。在他们饱蘸赤子之心的细腻笔触中、从他们浓重海蛎子味儿的讲述中，我们体验着这座城市的厚重与奔放、苦难与坚强、平实与瑰丽……

这片土地这片海承载的民俗文化，这方水土养育的人和说的方言土语，值得我们去记录去保存。我们沿着四季的轮回、节日的变换，实地调查、拍摄当地的讲究，沿着"海节气"去海滩、市场和餐馆拍各种海鲜……有冒着严寒拍元宵灯会相机不工作的无奈；有为拍摄赶海而被潮水围困的历险；有在街头巷尾寻寻觅觅的焦灼；有在牟传仁饭庄、大连老菜馆传菜口的期待；也有在曾经的老建筑遗址前的遗憾。

两年来，我们在寻寻觅觅中结识了大连各行各业的人，感受他们从骨子里流淌出的性格秉性。五二三厂的老工人、海碰子、舱匠、果农、蚕农，沧桑的面容、特殊的经历，用粗犷的嗓门说出最地道的方言，展现着这个城市的风骨情怀！

两年来，我们的脚步被一座座老建筑、一个个老物件、一个个节日、一道道大连菜牵引着，奔跑着。唯恐刚刚找到了线索到了实地已经消失了！那些老建筑、老物件、老照片以及他们背后的故事、鲜活的方言土语折射出的地域文化，像是在面前打开了一本本厚重的百科全书，深深地吸引着我们。

课题在完成过程中，虽然遇到了诸多困难，但是我们又是多么幸运，庆幸有这么一个机会深入了解、全面认识这座城市。典藏项目让我们围绕大连语言文化继续我们的春夏秋冬寒来暑往。两年来，典藏项目让我们对大连这座城市、对辽南这块土地有了全新的认识。这里的沧桑之美、自然之美、艺术之美汇聚为独特的人文之美。大连是座包容的城市，混搭是她的风格特征。海蛎子味儿的方言夹着日语词、俄语词，欧式洋房混着和风，中国房儿也带有西式的窗框。大连老菜的味道透着胶东的底色。大连在东情西韵、南北交通中展示着她的坚强和温情。

中国语言文化典藏

面对收集来的丰富材料、拍摄的数千张照片和各种视频，回顾三年来走过的路、见过的人、读过的资料，学生们说学到了在课堂学不到的东西，再辛苦也值了；老师们在专题调查中发现了诸多值得深究的问题，有了意外的收获。经过对词条和照片的精挑细选，经过对每部分概况的起草和每个词条说明的一遍又一遍自改、互改，请行业专家修改把关。在2020年以来的新冠肺炎期间，我们也没有停下工作，在封闭期间认真做好案头工作，完成了书稿词条释义、标注等方面拉网式的多次逐条修改。在疫情减弱后，我们请发音人到实验室补充摄录了部分词条，我们还又走上街头，补拍了以前不理想的照片。从2020年初到2021年年底，根据专家审核意见完成了数次从头到尾的彻底修改，使书稿质量得到一次次的提升。

大连卷能顺利交稿，是因为有来自多方面的支持和帮助。首先要感谢语保中心的各位老师：感谢王莉宁教授的信任，给了我和我的团队重新认识大连的机会；感谢语保中心的张世方教授、黄晓东教授的指导支持，感谢黄拾全教授一路的陪伴和答疑解惑，感谢刘晓海教授的技术指导和书稿修改过程中一对一的指导沟通；感谢天津师大王临惠教授、中国社会科学院语言研究所沈明教授、北京语言大学赵日新教授、河北师大桑宇红教授给予的专业指导和帮助，感谢辽宁语保首席专家夏中华教授的帮助指导，感谢辽宁省语委和大连市语委的大力支持。初稿交出之时，刚好看到公示，我主持申报的中国语言资源保护先进集体奖获批，辽宁师范大学文学院成为全国20个先进单位（7所高校）之一，这是国家对我们团队三代人自2012年中国有声数据库大连试点建设以来语保工作的充分肯定和鼓励，感谢语保促进了我们语言科技应用实验室的建设、语言科技与东北亚语言资源中心的成立，促进了我们语言学科的建设和优秀人才的培养，让我们圆满完成了辽宁二分之一的语保项目，通过这一"功在当代、利在千秋"工程经受考验得到成长，使我们的语言学团队获评2020年"辽宁省高校创新团队"。

感谢在调查和书稿撰写过程中，我们遇到的很多给予无私帮助的人。首先感谢我们的发音人苗延强师傅。两年来，苗师傅积极配合我们的调查和摄录工作。在对若干发音人和文化调查人进行调查沟通过程中，他都反复帮我们确认更正，找到最地道的说法和老讲究。在摄录过程中更是不厌其烦，表现出让我们动容的精益求精的态度，圆满完成数次摄录，特别是在疫情期间帮助我们克服困难完成补录。嵇汝广老师对大连的街巷老建筑的研究非常具体深人，有对这座城市的赤子之心，出版过多部著作，他为我们提供了非常珍贵的照片，还为我们修改订正建筑等专题的文字，提供大连方言的地道说法；于政礼老师是大连餐饮界的专家，亲自审核我们的菜单，为我们追溯大连老菜的渊源和做法。感谢仁和园郑帼馥女士提供的菜肴拍摄帮助，因为有他们的帮助和把关，让建筑有了温度、让菜肴有了情怀。感谢大连金一文化创意园区的宋大鹏经理为我们拍摄老物件提供的帮助，感谢大连博物馆姜晔馆长为我们提供的大连近代工业的图片和资料，让我们找到了大连城市的筋骨；感谢国家级非遗剪纸传承人韩月琴女士、复州东北大鼓传承人陈世芳女士、大连贝雕国际大师金阿山老师及其子金吉提供的帮助，让我们从他们身上及其作品中汲取了传承的责任和精神。

非常感谢大连新闻传媒集团的鼎力支持，感谢新媒体资源推广部的王海歌主任，利用传媒平台积极为我们推荐联系行业领域专家，提供我们无法拍摄的照片和视频，所推出的每一期海节气公众号都让我们期待，尤其是在新冠肺炎肆虐的非常时期，为我们提供的大力帮助。特别感谢大连民俗文化学会李成会长，两年来为我们多方联系非遗传承人，提供非遗项目的资料，他所致力推广的大连年文化、非遗进校园活动都为我们调查和摄录提供了便利。感谢大连市委宣传部文艺处李英姿处长为我们提供的资料和调查线索，感谢大连市文化馆郑晓丽馆长、非遗部杨杰主任为我们完善书稿提供的非遗材料，感谢大连市文联何永娟部长为我们提供的大连民间故事和歌谣，感谢著名作家邓刚接受我们的采访，他的作品及公众号让我们走进了海碰子的世界。

感谢文学院的领导和同事们，为我们翻箱倒柜，四处寻找嘎拉哈、列宁服、骨碌圈儿、搪瓷盆儿等老物件、老照片、老书刊。有的帮我们从家里拿来拍摄，有的帮我们从网上购买，有的冒着严寒去老房子里翻找，有的帮我们介绍调查和拍摄对象。使用期最长的是武振国老师的唐装，我们一借就是三年。学院工会还组织了"回到童年"娱乐活动专场方便我们拍摄。感谢教务处和影视学院的领导与诸位专业老师为我们进行说唱表演摄录提供场地和专业拍摄。更感谢学校和学院为我们建设语言科技应用实验室、成立语言科技与东北亚语言资源研究中心提供的支持和帮助，让我们有了完成语保项目的优质平台。

中国语言文化典藏

感谢我们的团队，感谢迟永长教授主持完成的 2012 年大连有声数据库建设为大连典藏项目奠定了良好基础。赵建军老师作为核心成员和主持人完成了多项语保项目，文理兼顾的学科背景和丰富的经验，为典藏的方言调查及摄录提供了专业保障，后期为书稿音系音标的核对付出了心血。刘颖老师，地道的大连姑娘，背着相机抓住一切机会到处拍摄，为书稿撰写提供了丰富资料，还全家齐上阵，舅舅是我们的优秀发音人，妈妈是我们调查的忠实陪伴者。特别感谢我们可爱的学生们，在丁俊的组织协调下，从摄录、剪辑到最后排版校对，康琳、刘欣、宋美华、许杨、董庆怡、王诗语、李昕升……所有在读和部分毕业的研究生，恕不能一一列举，个个都成了多面手。感谢大连籍学生的家人，如丁俊的父母、康琳的父母，到后期我的博士生许杨和她的父母公婆都加入到支持我们的团队中。他们为我们充当向导、司机、材料收集人。还要感谢我的爱人，在繁忙的工作之余特别是疫情期间开车带我克服困难去补拍。三年来我们的团队在来自各方的支持帮助下，克服了一个又一个困难，收集编写、拍摄录制了 300G 的材料（包括补拍补录），把汗水和足迹留在了街巷、海岛、博物馆、实验室……

最后，特别感谢王临惠、王莉宁等审稿专家先后提出的宝贵意见，感谢主编曹志耘教授的严格把关，感谢商务印书馆王丽艳编辑的认真审阅，使我和团队在一次次日夜兼程的修改中不断学习提升，把握住难得的机会。感谢摄影师黄京专程到大连为书稿拍摄了部分精美的图片。

我们能通过方言文化的视角展示大连的若干方面，是我们的责任也是我们的荣幸。但因目力所及和时间精力所限，还有一些问题需要完善，还有一些留下的遗憾。敬请各位同仁和广大读者不吝赐教。

原新梅

2022 年 1 月 20 日

于大连西山湖畔

**图书在版编目（CIP）数据**

中国语言文化典藏.大连/曹志耘，王莉宁，李锦芳主编；
原新梅等著.—北京：商务印书馆，2022
ISBN 978-7-100-21058-4

Ⅰ.①中… Ⅱ.①曹…②王…③李…④原… Ⅲ.①北方
方言—方言研究—大连 Ⅳ.①H17

中国版本图书馆 CIP 数据核字（2022）第 065302 号

权利保留，侵权必究。

**中国语言文化典藏·大连**

曹志耘 王莉宁 李锦芳 主编
原新梅 赵建军 刘颖 丁俊 著

商务印书馆出版
（北京王府井大街 36 号 邮政编码 100710）
商务印书馆发行
南京爱德印刷有限公司印刷
ISBN 978-7-100-21058-4

2022 年 9 月第 1 版
2022 年 9 月第 1 次印刷
开本：787×1092 1/16
印张：21¾

定价：280.00 元